역사교과서 서술의 원리

학술총서
03

역사교과서 서술의 원리

이해영 지음

cum libro
책과함께

■ 책을 내면서

제7차 교육과정 고등학교《국사》교과서의 '문화사' 부분은 학문과 사상, 종교, 과학기술, 문학, 예술 분야가 각 시대마다 같은 순서로 서술되어 있다. 석탑, 불상, 도자기, 그림 등 어떤 문화유산들이 있는지 소개하고 여기에 '아름답다', '세계 최고다' 등의 찬사가 곁들여졌다. 문화재에 대한 구체적인 설명 없이 문화재 이름을 나열하는 서술이 주를 이루고 있는 것이다. 게다가 교과서 안의 문화유산에 대한 설명은 각 시대와 유기적인 관계를 맺지 못하고 단지 교과서 편성을 위한 구색을 맞추는 용도로 끼어 있는 듯했다. 그러다 보니 학생들은 이 '문화사' 단원을 읽으면서 너무 나열식이고 글의 체계가 잡히지 않는다고 불평했다. 문화사 서술은 단순히 '최고다', '아름답다', '뛰어나다'는 표현에서 벗어나 학생 스스로 문화재를 통해 그 시대의 생활과 사상을 이해하고 당시 사회를 실감나게 이해할 수 있도록 해야 한다. 이에 국사교과서가 진리를 담는 것이 아니라 하나의 해석을 담은 글이라고 생각하는 경향이 높아지는 요즘, 서술방식을 바꾸어 학생들이 교과서를 잘 이해하도록 도와줄 수 있는 방법을 찾아보았다.

이 연구에 사용한 교과서는 2002년 교육인적자원부가 발행한《고등학교 국사》국정교과서를 대상으로 하였다. 최근의 교과서를 분석하는 것이 바람직하나 여러 변화를 겪어온 현재 국사교과서에는 문화사 단원이 없다. 따라서 문화재를 중심으로 서술방식에 대해 논의한 이 글은 2002년《국사》교과서 '문화사' 단원을 토대로 구성하였다.

먼저 1장에서는 국사교과서 서술방식의 대안을 모색하기 위해서 국사교과서 서술의 기본 성격을 살펴보았다. 국사교과서는 많은 부분이 생략된 채 역사적 사실들이 단선적으로 서술되었으나 역사가와 달리 학생들은 생략되어 있는 내용들을 인식하지 못했다. 또 가르치는 역사지식은 학생의 머릿속에 자리 잡는 순간 다른 역사인식으로 바뀌기도 했다. 국사교과서의 이런 성격을 감안하여 서술방식을 수정·보완하였다. 그리고 국사교과서 내용뿐 아니라 서술방식도 학생들이 문화재를 평가하는 데 영향을 주는지 알아보기 위해 학생들에게 수행평가 과제로 1년 동안 원하는 문화재 현장을 다녀온 후 소감문을 작성하도록 했다. 학생들의 소감문을 통해 교과서 서술방식이 학생들에게 어떤 영향을 미치는지 구체적으로 살폈다.

2장과 3장에서는 텍스트구조와 메타담론을 활용하여 국사교과서 '문화사' 단원을 직접 분석하였다. 텍스트구조는 저자가 글 속에 담고자 하는 생각이나 개념을 논리적으로 연결하는 조직체계이다. 이 구조를 통해 교과서 서술의 의미관계가 얼마나 응집성이 있고 긴밀하게 형성되는지 공예를 다룬 단원을 중심으로 살펴보았다. 그리고 메타담론을 통해 교과서 속 수사적 표현을 찾아보았다. 메타담론은 텍스트에서 저자가 말하려고 것을 보여주는 수사 장치로, 주요 시기별 교과서의 메타담론을 분석하여 이들이 어떻게 변해왔는지 '임진왜란' 단원을 통해 살펴보았다.

텍스트구조로 분석한 단원은 '공예', 메타담론으로 본 단원은 '임진왜란'으로 각 분석 단원을 달리하였다. 국사교과서 서술은 설명식 서술과 흔치 않지만 내러티브 서술로 나눌 수 있다. 교과서 저자들은 정치제도, 기구 등을 설명할 때 설명식 서술을 활용하였고 대외관계나 역사적 사건의 과정을 서술할 때 종종 내러티브를 사용하였다. 따라서 설명식 서술을 분석할 때 텍스트구조를 이용했고 내러티브 서술 속 저자의 태도는 수사적 표현을 이용하여 분석하였다.

4장과 5장에서는 텍스트구조와 메타담론을 갖춘 국사교과서 서술방식에 적합한 사례를 만들었다. 국사교과서를 분석하면서 의미관계를 긴밀하게 서술할 수 있는 방법을 발견하였고 주요 교육과정별 교과서 속 수사적 표현을 보면서 교과서 서술에 적절한 수사적 표현의 실마리를 얻었다. 이를 토대로 텍스트구조를 유형별로 나누고 적절한 수사적 표현을 가미하여 새로운 사례를 제시하였다.

국사교과서 서술방식의 사례를 학생들에게 직접 제시한 뒤 그 반응을 분석해 6장에 담았다. 수원시에 위치한 Y고등학교 1학년 6개 학급 205명을 대상으로 질문지법을 활용하였다. 조사는 두 가지 방식으로 나누어 진행하였다. 첫 번째는 학생들이 교과서의 원글과 수정된 글을 읽은 후 역사 문제를 해결하는 방법을 알아보았다. 두 번째는 서술의 체계성을 갖추고 수사적 표현이 들어간 글에 대해 학생들이 어떻게 생각하는지 살펴보았다.

한편, 보론 'DBAE 구성영역으로 본 국사교과서 미술사 내용 서술 분석'에서는 문화사 단원의 예술품에 대한 서술이 예술성에만 치우쳐 예술품의 역사적인 의미를 제대로 살리지 못했다는 비판이 많아 이를 정밀하게 살펴보았다. 국사교과서의 역사성과 예술성에 대한 서술의 양적 분포 정도를 구체적으로 알아보고 역사성을 위주로 하는 서술과 예술성을 위주로 하는 서술들의 특징과 문제점을 살펴보았다. 이를 위해 DBAE 이론을 토대로 국사교과서 서술 분석에 맞게 수정하여 예술품들을 분석하였다. 그리고 학생들이 예술품을 이해하는 데 도움이 되기 위해 예술성과 역사성의 서술이 어떻게 이루어져야 하는지 대안을 찾아보았다.

기존의 연구들이 국사교과서 서술방식의 전반적인 문제점을 지적하는 데 그쳤다면, 이 연구에서는 좀 더 세분화하여 문제점을 찾고 개선방향을 모색하였다. 이 책 《역사교과서 서술의 원리》는 '모든 교과서 서술이 이런 식이 되어야 한다'고 단언하는 것이 아니라 '이런 방식으로도 서술이 가능하다'는 대안을 제시하는 것이다. 국사교과서 서술은 탄탄한 서술체계를 갖추어 학생들이 별도의 노력을 하지 않아도 역사내용을 깊이 생각하고 고민할 수 있게 해야 한다.

이 연구가 한 권의 책으로 완성되는 데 많은 분이 도와주셨다.
먼저 아무것도 모르는 거친 초보를 과감하게 받아주시고 '기역' 부터 차근차근 알려주신 김한종 선생님에 대한 고마움은 말로 표현하기 어렵다. 항상 밤늦게까지 연구실 불을 밝혀 공부하는 모습으로 연구의 본보기가 되어주셨고 힘든 상황에서도 어려운 길을 꿋꿋하게 앞서 걸어주셔서 뒤따라갈 수 있는 길을 마련해주셨다. 또 사소한 이야기도 귀 기울여 들어주셔서 어린 교사의 닫힌 귀를 열어주셨다.

교실에서 함께 공부한 학생들에게도 감사하다. 가끔은 현장과 이론의 괴리를 느끼기도 했지만, 학생들의 도움으로 이를 극복하며 나만의 수업 방식과 역사교육의 연구방법을 찾아갈 수 있었다. 작년과 다른 모습으로 성장할 수 있도록 도와준 학생들에게 고마움을 표하며 나의 공부가 학생들의 역사공부와 성장에도 조금이나마 도움이 되길 바란다.

마지막으로 이 책의 출판을 기꺼이 승낙한 도서출판 책과함께에도 감사한다.

2014년 1월
이해영

차례

1장

역사교과서 서술방식과
학생의 역사이해

1. 역사교과서 서술의 성격

20세기 역사 서술은 보편적인 진리를 추구해야 한다는 확고한 믿음이 있었다. 역사교과서도 객관적 진리를 학생들에게 전달하는 자료라고 생각하여 객관적인 역사 서술을 지향했고 역사의 내용은 이미 고정된 것이기 때문에 학생들은 그 내용을 그대로 수용하면 되었다.[1] 교과서를 쓴 저자의 관점이나 해석이 들어갔다고 생각하지 않고 사실 자체를 다루는 것처럼 제시되었다. 그 결과 학생들은 역사교과서에 실린 대부분의 역사 서술은 해석이 아니라 논쟁의 여지가 없는 사실인 것처럼 받아들였다. 그럼으로써 교과서 내용은 절대적 성전처럼 보였다.[2]

---

1 이영효, 〈내러티브 양식의 역사 서술체제 개발〉,《역사교육과 역사인식》, 책과함께, 2005, 253쪽.
2 양호환, 〈역사서술의 주체와 관점 그리고 역사교과서〉,《포스트모더니즘과 역사학》, 푸른역사, 2002, 394쪽.

포스트모더니즘의 영향을 받아 객관주의 역사관에 변화가 나타났다. 역사 연구는 과거에 실재했던 원인들이 무엇인지를 찾아내는 것이 아니라 역사가가 어떤 담론을 코드로 해서 역사 이야기를 구성하느냐가 중요한 문제가 되었다. 현재에서 과거를 재창조하도록 이끄는 것은 과거 그 자체가 아니라 역사가의 담론이다. 역사적 사실을 선택하고 배열할 때 역사가의 담론이 개입한다.[3] 역사 서술에서 관점의 개입은 피할 수 없는 일이다. 역사가는 어느 한 관점을 선택하여 역사를 서술하고 해석한다. 관점 자체가 과거를 역사로 바라보는 방식을 마련해주기 때문이다. 관점이 없으면 해석도 불가능하다. 역사 서술은 언제나 관점에 따른 해석을 포함한다.[4] 역사 서술은 객관적인 사실을 추구하되, 판단과 해석이라는 역사가의 주관적 사고도 중요하게 다루어야 한다. 역사는 단선이 아니라 복선으로 발전한다. 직접적인 인과관계나 단일 법칙으로 규명되는 것이 아니라 많은 요인들의 상호작용으로 만들어진다. 역사적 사건이 일어난 하나의 원인은 그 사건이 왜 일어났는지를 설명하는 데 도움이 되는 많은 요인 중의 하나에 불과하다. 따라서 역사는 다양성을 인정하면서 서술되어야 한다. 이를 인정해야 역사가는 개별적으로 주관적 해석을 가하면서 나름대로 역사적 진실을 파악할 수 있다. 역사가는 동일한 대상을 두고 관점이

---

3 조한욱·김기봉·김현식, 〈역사학의 모더니즘과 포스트모더니즘〉, 《인문논총》 5, 2000, 69~71쪽; 안병직 외, 《오늘의 역사학》, 한겨레신문사, 1988, 200~250쪽.

4 양호환, 〈역사학습의 인식론적 모색〉, 《역사교육과 역사인식》, 책과함께, 2005, 44~45쪽.

다를 뿐이며 서술대상의 진실에 접근하는 것은 같다.[5] 역사적 사실을 둘러싸고 있는 여러 가지 다양한 구조화가 가능하다는 것을 알아야 하고 상황에 따라 서술을 유연하게 변화시켜야 한다.[6] 아울러 역사가는 많은 독자가 역사 서술을 읽을 때 자신의 의도나 해석을 독자에게 강요할 수는 없다. 독자 역시 저자의 의도를 완전하게 파악할 수 없고 파악할 필요도 없다.[7] 독자는 각자의 기준으로 역사 사실을 해석한다.

역사교과서 서술은 이런 논의를 어떻게 반영해야 하는가? 현재 역사교과서는 많은 부분이 생략된 채로 서술되어 역사적 사실들을 단순히 일어난 것으로 알려주고 있을 뿐 그 원인을 주체적으로 유도해낼 수 없다. 그러나 실제 역사는 단선적이지 않고 복잡하다.[8] 최근 역사 읽기 연구에 의하면 학생들은 역사자료를 시대상과 관련짓지 못하고 역사적 흐름을 이해하지 못한 채 단순히 암기하여 비판적으로 읽지 못했다. 예로, 역사적 사실을 더 많이 기억하는 학생들이 적게 기억하는 역사학자들보다 자료의 정보를 종합하여 텍스트에 깔려 있는 관점이나 그 사회적 의미를 밝히지 못하였다. 학생들은 단지 자료의 한쪽 면에만 집중하여 정보를 모아 다른 사람에게 전달하는 데 머문 반면, 역사학자들은 사실적 지식이 부족해도 텍스트를 비판적으로 읽었다. 역사학자들은 역사텍스트의 속성을 알고 있으며, 텍스트에서 저자의 의도나 관점을 읽

---

5   차하순,《새로 고쳐 쓴 역사의 본질과 인식》, 학연사, 2007, 236~242쪽.

6   폴 벤느, 이상길·김현경 옮김,《역사를 어떻게 쓰는가》, 새물결, 2004, 84쪽.

7   키스 젠킨스, 최용찬 옮김,《누구를 위한 역사인가》, 혜안, 2002, 88쪽.

8   이병련,〈역사교과서의 의미와 서술기준, 그리고 분석의 기준에 관하여〉,《사총》 52, 2000, 169쪽.

어내는 데 익숙하기 때문이다.[9] 학생들은 역사텍스트에 생략되어 있는 내용들을 인식하지 못했고 저자의 의도를 읽는 데 실패한 것이다. 이런 학생들을 위해서 역사적 사실들을 일관성 있게 취사선택하여 제시해야 한다. 저자는 자신이 전달하려는 것을 나열만 하지 말고 긴밀한 의미관계로 구조화해야 한다. 주요 사고와 부수적인 것들을 적절하게 자리매김하여 목적을 향해 의미 있게 서술할 때 학생들은 생략된 사건들을 추론해서 인식할 수 있다.

가르치는 역사지식은 학생의 머릿속에 자리 잡는 순간에 다른 역사인식으로 바뀔 수 있다는 점도 주목해야 한다. 역사텍스트를 인식하는 과정에서 학생들의 가치관이나 다른 사람의 관점이 개입하는 것은 불가피하기 때문에 가르치는 대로 인식된다는 보장이 없다. 예로 수업시간에 교사가 "이성계는 훌륭하다"고 설명해도 어떤 학생은 "쿠데타를 일으킨 인물이라서 훌륭하다고 생각하지 않는다"고 말할 수 있다. 교사가 "A는 B다"라고 가르치더라도 학생들은 그 사실을 그대로 수용하지 않고 각자 나름의 기준을 가지고 역사적 사실을 판단한다. 따라서 역사교과서 서술은 학생과의 의사소통을 중시해야 한다. 하나의 사건을 상세하게 서술하고, 인상적인 예를 들거나 적절히 비교함으로써 학생들이 역사적 사건을 잘 이해하고 판단하도록 해야 한다. "그것이 그러했다"가 아니라 "그와 같은 일이 그래서 일어났을 것이다"로 서술하여 학생들이 스스로 판단할 수 있게 해야 한다.[10] 역사텍스트 자체는 항상

9   샘 와인버그, 한철호 옮김, 《역사적 사고와 역사교육》, 책과함께, 2006, 123~159쪽.

10 송상헌, 〈역사교육의 내용을 둘러싼 역사교육 담론의 검토〉, 《역사교육연구》

논쟁의 가능성이 있다. 학생들은 논쟁의 여지가 있는 것들이 교과서 주제가 된다는 것을 알고 역사 서술이 도출되는 과정을 비판적으로 공부해야 한다. 요즘 학생들은 저자의 의도대로 글을 읽지 않는다. 텔레비전, 영화, 만화, 소설, 인터넷 등 다양한 통로를 통해 상반된 역사해석을 접하고 있다. 따라서 교사는 교과서를 통해 여러 해석의 상대적 강점과 약점을 판단하도록 가르쳐야 한다.

교과서는 학생이 텍스트를 해체하며 읽을 수 있도록 개방적으로 서술되어야 한다. 그러면 학생은 내용을 사실 그대로 받아들이는 것이 아니라 역사가의 평가와 사료에 근거해 어느 쪽이 더 나은 해석인지 생각할 수 있을 것이다.[11] 특히, 역사 서술은 관점이 다양하기 때문에 학생은 저자의 의견에 동의하거나 반대하는 등 의견 개진에 능동적으로 참여할 수 있을 것이다.[12]

역사 서술, 역사교과서 서술의 이러한 성격을 감안하다면 교과서를 서술할 때는 서술의 구조적인 면과 저자와 독자와 관계를 고려해야 한다. 교과서 저자들은 한정된 지면이나 저자의 의도를 집중적으로 살리기 위해서 역사적 사실과 사실관계를 지나치게 생략하는 경우가 많다. 그런 과정에서 서술의 구조적인 측면이 무시되어 나열식 서술이 된다. 동시에 역사가 해석이라면 역사교과서도 다양한 해석을 실어 학생들도 의견을 개진할 수 있는 기회를 주어야 한다. 교과서 속 저자가 드러나게 하여 독자가 저자의 생각에

창간호, 2005, 90~96쪽; 이병련, 앞의 글, 169쪽.

11 김한종·이영효, 〈비판적 역사 읽기와 역사 쓰기〉, 《역사교육과 역사인식》, 책과함께, 143쪽, 144~146쪽.

12 모티머 J. 애들러·찰스 밴 도렌, 독고 앤 옮김, 《생각을 넓혀주는 독서법》, 멘토, 2000, 257쪽.

동의를 하거나 비판할 수 있는 열린 서술을 지향해야 한다. 그러면 학생들은 글의 주제를 쉽게 찾고 역사교과서 서술도 여러 의견 중 하나라고 생각할 수 있다. 저자와 의견이 같으면 동조하고, 의견이 다를 경우 '왜 다를까'를 생각하여 학생의 생각을 수정하거나 저자의 태도를 비판하는 등 역사적 관점을 구축하는 데도 도움을 받을 수 있을 것이다.

2. 국사교과서 문화사 서술방식이 학생에게 미친 영향

국사교과서 서술은 아직까지 학생들에게 많은 영향을 미치는 것으로 알려져 있다. 역사를 소재로 한 영화, 다큐멘터리, 역사사극, 소설 등 대중매체의 영향도 점차 커지고 있지만 여전히 학생들은 자신들의 역사이해에 영향을 많이 주는 것은 교과서라고 생각했다.[13]

그런데 국사교과서의 문화재 서술은 지극히 나열식이고 근거를 제시하지 않은 채, 저자의 주관적 견해를 진실인 듯 제시하고 있다는 비판을 지속적으로 받아왔다.[14] 구체적인 근거 없이 단편적인 문화재만을 나열하는 것은 당대의 모습을 유기적으로 파악하게

---

13 역사교육연구소, 〈2010년 초·중·고등학생들의 역사교육 이해 조사 결과〉,《역사와 교육》4, 2011.

14 윤용이 외,《국사교과서 미술부분, 전면 고쳐 써야 한다.》역사비평사, 1996; 일본교과서바로잡기운동본부,《한국국사교과서의 희망을 찾아서》, 역사비평사, 2003; 이혁규,《수업, 비평의 눈으로 읽다.》, 우리교육, 2008; 전국역사교사모임,《미술로 보는 우리역사》, 푸른나무, 1992 등에서 국사교과서 미술사 부분을 비판하였다.

하는 데 한계를 지닐 수밖에 없다.[15] 문화재는 사회적·역사적·정치적·경제적 맥락 안에서 그 위치를 갖는다. 그러나 교과서 속 문화재가 당시에 어떤 역할을 하였는지, 왜 이런 문화재가 탄생하게 되었는지에 대한 서술은 찾아보기 힘들었다. 한 부분을 예로 들어보면 다음과 같다.

> 건국 초기에 도성을 건설하고 경복궁을 지었으며 곧이어 창덕궁과 창경궁을 세웠다. 지금까지 남아 있는 창경궁의 명정전과 도성의 숭례문, 창덕궁의 돈화문이 당시의 모습을 간직하고 있다. 특히, 도성의 정문인 숭례문은 고려의 건축기법과는 다른 방식을 채택하여 발전된 조선전기의 건축을 대표하고 있다. 반면에, 개성의 남대문과 평양의 보통문은 고려시대 건축의 단정하고 우아한 모습을 지니면서 조선시대 건축으로 발전해가는 형태를 보이고 있다.

이 글은 중단원 '근세 문화'의 일부분이다. 건국 초기에 지어진 궁궐 8개를 제시했을 뿐 고려시대 건축기법이 무엇인지, 조선시대와 어떻게 다른지에 대해 설명이 전혀 없다.

이와 같은 문화재 서술을 읽은 후 현장체험 학습을 다녀온 학생들이 작성한 소감문을 통해 국사교과서의 서술방식이 학생들에게 미친 영향을 알아보았다.

2011년에 수원에 위치한 Y고등학교 3개 반 학생들에게 1년 동

---

15 현재 《국사》교과서 속 '문화사' 단원에 대한 문제점은 지속적으로 지적되고 있다. 나열된 문화재 서술, 민족문화 서술의 문제, 문화재 시각자료 활용 문제 등이 대표적인 지적 사항이다.

안 체험하고 싶은 역사 장소를 방문한 후 소감문을 제출하도록 했다. 소감문은 특별한 양식을 정하지 않았다. 다만 학생들이 수원에 살기 때문에 어릴 때부터 자주 방문한 화성은 체험 장소에서 제외하였다. 학생들은 거주한 지역에서 가까운 곳에 위치한 문화재와 자주 들어 익숙한 문화재가 있는 장소를 방문했고, 방문 장소와 인원은 다음과 같다. 융건릉(43명), 덕수궁(33명), 경복궁(27명), 서대문형무소(17명), 용주사(8명), 처인성(5명), 창경궁(2명), 창덕궁(2명), 수원향교(1명), 오죽헌(1명), 종묘(1명), 영릉(1명), 제주 항파두리 항몽유적지(1명), 영국사(1명), 소수서원(1명), 헌인릉(1명), 김좌진 장군묘(1명).

그런데 학생들이 많이 방문한 융건릉, 덕수궁, 경복궁, 서대문형무소에 대한 소감문에는 일정하게 비슷한 감상이 보였다. 이들을 정리하면 **표 1**과 같다.

표 1 학생들의 문화재 방문 소감

문화재 명	학생 반응[16]
융건릉	• 주변 자연환경에 대한 느낌 • 정조의 효심에 대한 감탄
덕수궁	• 전통 건물과 서양식 건축물에 대한 감상 (중화전 대 정관헌, 석조전) • 고종, 덕혜옹주에 대한 감정 이입
경복궁	• 장중한 궁궐(근정전)에 대한 느낌 • 외국인 관광객에 대한 마음 • 경회루 건물에 대한 찬사
서대문형무소	• 무서움, 엄숙함 → 일본에 대한 분노, 애국지사에 대한 안타까움 → 애국지사에 대한 고마움, 자기 반성

학생들이 방문한 장소마다 두드러지는 정서 표현이 있었고 여기에는 일정한 경향이 보였다. 경복궁을 방문한 학생의 글에는 문화재에 대한 긍지와 자부심이 많이 드러났고, 서대문형무소를 다녀온 학생들은 순국선열에 대한 존경심과 애국심을 표현하였다.

경복궁을 다녀온 학생들의 글을 구체적으로 보면 다음과 같다.

- 경복궁보다 파란 눈의 외국인이 많아 신기하다. 괜스레 내가 자랑스러워지고 우리 전통의 아름다움을 알아줬으면 좋겠다는 생각이 들었다. (6반 손혜○ 외 다수)
- 경복궁을 계속 돌아다니며 보니까 왜 외국인들이 이렇게 많이 와서 기념사진을 찍는지 알 것 같다. 이 경복궁이 우리나라 문화유산이라는 게 너무 자랑스럽다. (6반 김민○)
- 중간에 돌아다니다가 길을 몰라 물었는데, 외국인이었다. 그가 자세하게 건물의 위치를 알려주었다. 우리나라 사람인 내가 더 우리나라 문화유산을 모르는 거 같아 반성해야겠다는 생각을 했다. (3반 조진○)

대다수 학생들은 외국인들을 통해 경복궁을 자랑스러워했다. 학생들 눈에 비친 외국인 관광객은 단순한 관광객이 아니라 우리 문화재의 소중함을 일깨워주거나 자부심을 느끼게 해주는 매개 역할을 했다. 학생들이 궁궐을 직접 보며 '~ 해서 긍지를 느낀다'는 표현은 찾기 힘들었다. 교과서 서술처럼 구체적 근거 없이 저자가

---

16 소감문의 내용은 서로 중복되는 경우가 많아 학생 반응을 숫자로 나타내는 것은 무의미하여 생략하였다.

일방적으로 문화재를 평가하는 서술방식이 학생들에게 고스란히 전해졌다.

한편, 학생들이 조상에게 존경심과 애국심을 많이 느낀 장소는 서대문형무소인데 특이하게 이곳을 방문한 학생들의 정서 표현에는 일정한 순서가 있다. 구체적인 정서들을 살펴보자.

- 초등학교 2학년 때 엄마를 따라 한 번 간 적이 있는데 어린 나이에 너무나 무섭고 잔인한 재현 장면, 체험 때문에 충격을 받았다. (3반 유혜○)
- 서대문형무소의 특유한 어둡고 으스스한 분위기 때문에 제대로 탐방하지 못하고 겁을 먹어 집에 서둘러 온 기억이 난다. (4반 김○)
- 좁은 공간에 우리 애국지사들이 있었다고 상상하니 마음이 무거워졌다. 독방은 사람이 살 곳이 아니라고 생각했다. 그 좁은 방에 사람을 가두다니 일본은 정말 잔인하다는 생각이 들었다. 그리고 죽어갔을 애국지사들을 생각하니 마음이 안타깝고 독립을 위해 노력하는 모습을 생각하니 정말 감사하다는 생각밖에 들지 않았다. (5반 석나○)
- 지금의 나와 같은 고등학생이라는 점에서 유관순 열사를 보고 배울 점이 많은 거 같다. 자신의 몸을 아끼지 않고 희생하면서 나라의 독립을 위해 애쓴 유관순 열사의 애국심이 아직 나에게는 존재하지 않은 것 같아 반성해야 할 거 같다. 내가 만약 유관순 열사였다면 어떻게 했을까? (6반 오은○)
- 아직도 기억에 남은 곳은 인형들을 모형으로 제작해놓아서 애국지사들의 비참한 모습과 일본순사들의 모습까지 상세히 볼 수 있는

곳이 있었는데 볼 때마다 우리나라 투사들의 고통과 아픔이 느껴졌다. 또한 고문도구들을 보면서 일제 식민지배하에 살았던 우리나라 사람들의 모습이 떠올랐다. (5반 김예○)

학생들은 어렸을 때 서대문형무소를 다녀온 후 무섭고 잔인한 현장, 어둡고 으스스한 분위기에 지레 겁을 먹었다. 그럼에도 불구하고 재연해놓은 장면들을 보면서 고문당하는 애국지사들을 안타깝게 여겼고 잔인한 고문을 자행한 일본순사에게 분노를 느꼈으며 애국심과 민족정신을 길러야겠다고 다짐하였다. 서대문형무소가 무섭다고 하면서도 애국지사에 대한 안타까움, 일본에 대한 분노, 애국심 등을 강하게 표현하였다. 국사교과서 서술에서 보듯, 소감문에는 일제강점기를 수탈과 저항으로 보는 이분법적 시각이 그대로 드러났다.

한편, 동일한 궁궐이지만 경복궁을 방문한 학생들은 궁궐의 장엄함에 감탄하고 덕수궁을 방문한 학생들은 서양식 건물에 관심을 두었다.

- 경회루 쪽으로 가면서 담장에 그려져 있는 꽃들과 문양은 매우 아름다웠다. 섬세해 보이고 유교 건물인 경복궁과 잘 어울리는 거 같다. 근정전은 장엄한 분위기였는데, 경회루는 섬세하고 기품 있는 분위기가 느껴졌다. (2반 유소○)
- … 경복궁을 돌아다니다 보면 장중함과 우아함을 느끼게 되는데 마치 현모양처처럼 단아한 느낌이 느껴져 탄성이 절로 나왔다. (5반 이정○)

- 덕수궁 안의 전통적인 건물과 서양식 건물 중화전과 정관헌, 석조
전이 함께한다는 점이 신기했다. 내 생각으로는 서양식 건축물보
다 우리 것이 훨씬 품위 있어 보이고 아름답다고 생각한다. 서양식
건물은 직선적이고 딱딱하지만 중화전은 곡선과 자연스러움이 느
껴진다. (6반 박지○)

- 석조전은 고종이 침전, 편전으로 사용하기 위해 지은 서양식 건물
이다. 근대화의 상징이다. 석조전 앞에 분수가 있다. 물소리가 맑
다. 정관헌은 언덕 위에서 다른 궁을 내려다보는 휴식 건물이다.
한식과 양식이 섞여 있다. 베란다가 있고 서양식 기둥들이 세워져
있다. 동서양의 건물의 조화를 이런 식으로 표현했다. (6반 백승
○)

경복궁은 웅장함, 위엄이라는 말로 궁궐의 전체적인 분위기를
표현했다. 이런 미적 표현은 경복궁에 집중되었지만 덕수궁에서
는 발견되지 않았다. 덕수궁을 방문한 대다수 학생들은 일관되게
정관헌과 석조전에 초점을 맞추었다. 덕수궁을 소개하는 팸플릿
에는 덕수궁과 관련된 역사적 사건이나 건축물 등이 시대별로 제
시되어 있다. 덕수궁은 임진왜란 이후 선조의 임시거처, 광해군 시
절 인목대비 유폐궁과 관련되었지만 학생들에게는 개화 시기의
상징적인 궁궐로 이미지화되어 있다. 고종이 아관파천 후 환궁을
한 곳이고 덕혜옹주를 위해 유치원을 만들어준 곳이다. 근대화를
위한 노력의 일환으로 석조전과 같은 근대식 건물을 짓기도 했다.
그리고 만국평화회의 헤이그 특사 파견이 이루어진 곳이기도 하
고 을사늑약이 체결된 곳이기도 하다. 이런 많은 역사를 간직한 덕

수궁을 보면서 학생들은 서양식 건물인 석조전, 정관헌에 유독 초점을 맞췄다. 국사교과서에서 덕수궁을 서술할 때 서양식 건물인 석조전에 초점을 맞춰 언급하였는데 학생들은 이 서술에 영향을 받은 것이다.

마지막으로 융건릉을 다녀온 학생들의 반응을 보면 다음과 같다.[17]

- 개인적으로 정조를 좋아하는데 정조의 무덤인지 모르고 왔다. 정조가 묻혔다고 하니 기분이 좋았다. (5반 조인○)

- 융릉을 보고 도착한 건릉! 뭔가 특별한 것을 기대했지만 안타깝게도 융릉과 차이가 없다. 소나무와 풀들이 더욱 울창하다는 것을 제외하고 똑같아서 아쉬웠다. (3반 이민○)

- 융릉으로 가는 길은 산책로로 딱 좋았다. 무성한 나무와 상쾌한 공기 때문에 마음이 편해졌다. 샛길을 지나 동그란 연못을 발견했다. 동그란 연못이었다. 연꽃이 이쁘게 피어 사진을 찍으며 여유를 즐겼다. (4반 이지○)

- 맑은 하늘과 공기가 나의 기분을 높여주었다. 빼곡한 소나무들에 감탄스러웠다. 포장되지 않는 길은 마치 조선시대로 나를 돌려주었다. (5반 김소○)

- 가족끼리 혹은 동료끼리 피크닉 온 사람들이 서로 사진을 찍어주기도 하고 잔디밭 그늘 아래서 휴식을 취하기도 하였다. 참나무 사이사이로 빛이 들어와 반짝이는데 그 모습이 정말 멋졌다. (6반 이

---

17 학생들의 소감문에 의하면, 융건릉을 선택한 이유는 지리적 이점, 즉 가까운 곳에 위치한 문화재이기 때문이다.

지○)

어떤 학생들은 팸플릿을 통해 정조의 무덤이라는 것을 처음 알았다. 융릉과 건릉을 비교한 학생도 있으나 사전에 얻은 지식이 없기 때문인지 학생들은 이곳과 관련 있는 지식이나 일관성 있는 정서 표현을 드러내지 않았다. 주로 주변 환경을 언급하였다.

학생들은 인터넷 검색, 홍보책자를 통해 기본지식을 얻기도 했지만 국사교과서의 내용과 서술방식에 많이 의존하였다. 그러다 보니 국사교과서에 정보가 없는 융건릉을 다녀온 학생들이 작성한 소감문의 내용은 유독 빈약했다. 덕수궁 팸플릿에는 여러 건물에 대한 정보가 상세히 담겨 있으나 유독 석조전, 정관헌에 관심을 보인 학생들에게서도 교과서의 영향을 짐작할 수 있다. 경복궁을 '위엄'의 상징물로 보고 서대문형무소를 '일제의 수탈과 민족의 저항'의 관점으로 보는 학생들의 태도도 이를 말해준다. 그리고 교과서 저자가 일방적으로 서술한 문화재에 대한 평가와 느낌이 학생들에게 그대로 전달되어 학생들은 문화재를 바라보는 독창적인 안목을 상실하였다. 특히, 근거 없이 일방적으로 평가된 문화재에 대한 서술방식도 학생들에게 영향을 미쳐 학생들의 소감문에는 문화재 평가에 대한 구체적인 근거를 쉽게 찾아볼 수 없었다.

2장

텍스트구조를 활용한
국사교과서 서술 분석

1. 응집성을 고려한 텍스트구조

 교과서 서술이 응집성을 갖춘다는 말의 의미는 무엇일까? 보그란데(R. de Beaugrander)와 드레슬러(W. Dressler)는 텍스트를 텍스트답게 만드는 판단 기준을 일곱 가지로 제시했다. 결속성(cohesion), 응집성(coherence), 의도성(intentionality), 용인성(acceptability), 상황성(situationality), 상호텍스트성(intertextuality), 정보성(informativity)이 바로 그것이다. 이 중 텍스트성의 기본 골격을 이루는 텍스트 자질은 결속성과 응집성이라고 보았다. 일반적으로 텍스트 표층을 텍스트답게 하는 형식적 자질은 결속성이고 텍스트가 표상하는 의미 내용의 연결성과 관계되는 내용적 자질은 응집성이다. 바터(Heinz Vater)는 텍스트 표층의 결속성이 부족하더라도 내용적인 응집성을 유지하고 있는 문장은 텍스트가 될 수 있다고 하였다. 따라서 텍스트를 텍스트답게 하는 가장 중요한 자질은 응집성이다.

텍스트구조는 저자가 글 속에 담고자 하는 생각이나 개념을 논리적으로 연결하는 조직체계이다. 이 구조는 텍스트 구성요소들이 의미관계를 맺으며 응집된 조직체계다. 텍스트 구성요소들은 어떤 형식으로든 의미관계를 맺으며 서로 연결되어 다양한 의미구조를 보여준다. 이때 의미관계가 긴밀하면 응집성 있는 텍스트가 되고 그렇지 못하면 응집력 없는 엉성한 텍스트가 된다. 텍스트구조도 결국 응집성구조이기 때문이다.[1]

텍스트구조를 이루는 여러 구성요소들은 의미관계를 다양하게 맺을 때 서로 위계를 달리하면서 나타난다.[2] 위계구조 내에서 상위에 위치한 정보일수록 오래 기억되고 잘 회상된다. 메이어(B. J. F. Meyer)는 상위의 구조, 즉 일반적인 아이디어가 글의 앞에 주어졌을 때 나중에 주어지는 예, 세부사항, 구체화 등의 정보보다 잘 기억된다고 밝혔다. 그리고 사실들은 중심 생각과 밀접할수록 잘 기억되며, 사물들을 단순히 나열하였을 때보다 특징별로 묶어서 조직할 때 정보를 쉽게 습득한다. 독자에게 텍스트구조의 위계성은 정보의 중요도를 나타낸다.[3] 독해는 텍스트에 대해 총체적인 의미를 구성하는 것이다. 총체적인 의미를 구성하기 위해서 독자는 텍스트에 나와 있는 수많은 정보들의 가치를 판정하고 중요하지 않은 정보는 버린다. 그리고 비슷한 정보는 묶어서 통합하고 중

---

1 박진용, 〈읽기 교수-학습을 위한 텍스트구조의 의미관계 고찰〉, 《독서교육》 9, 2003, 150~153쪽.
2 김명순, 〈텍스트구조와 사전지식이 내용 이해와 중요도 평정에 미치는 영향〉, 한국교원대학교대학원 석사학위논문, 1998, 150~153쪽.
3 김봉순, 〈텍스트 의미구조 표지의 기능에 대한 실험연구〉, 《독서연구》 창간호, 1996, 153쪽; 박진용, 앞의 글, 152~153쪽.

요도가 낮은 정보는 더 중요한 정보로 귀속시킨다. 이 과정에서 위계성을 본질로 하는 텍스트구조는 응집된 의미구성과 정보의 중요도 파악에 중요한 속성임이 틀림없다.[4] 이런 텍스트구조의 속성을 잘 활용하여, 저자는 독자에게 전달하고자 하는 중심 생각이나 중요한 정보를 조직할 수 있다. 중심이 되는 내용은 상위수준, 뒷받침이 되는 내용은 하위수준에 두는 것이다. 반대로 독자는 텍스트구조의 위계성을 근거로 상위수준과 하위수준을 쉽게 구별하여 효과적으로 글을 읽을 수 있다.[5]

텍스트구조는 여러 유형으로 분석할 수 있다. 메이어는 의미관계 유형을 수집, 인과, 반응, 비교, 기술로 분류하였다. 수집은 텍스트 구성요소들이 어떤 공통의 기반 위에서 관련을 맺는 관계를 말하며, 인과는 한 정보가 선행요소인 원인, 다른 정보가 후행요소인 결과로 연결되는 관계이다. 반응은 문제해결관계로 전제와 반응, 질문과 대답 형태가 있다. 비교는 둘 이상의 화제 사이의 유사점과 차이점을 지적하는 관계로 대등비교, 종속비교, 유추가 있다. 기술은 하나의 화제에 많은 정보를 주는 관계다. 이삼형은 의미관계를 수집, 부가, 공제, 인과, 이유, 비교대조, 상세화, 문제해결, 초담화로 분류했다. 수집, 인과, 비교대조는 메이어와 유사하기 때문에 설명을 생략한다. 부가는 중심 의미에 다른 의미가 덧붙어 큰

---

4   이경화, 《읽기교육의 원리와 방법》, 박이정, 2004, 73~76쪽; 이경화, 〈담화구조와 배경지식이 설명적 담화의 독해에 미치는 효과에 관한 연구〉, 한국교원대학교대학원 박사학위논문, 1999, 15~30쪽; 김명순, 앞의 글, 20~27쪽.

5   이삼형, 〈설명적 텍스트의 내용구조 분석방법과 교육적 적용 연구〉, 서울대학교대학원 박사학위논문, 1994, 81~86쪽; 한철우 외, 《과정중심 독서지도》, 교학사, 2001, 88~89쪽.

의미를 형성한다. 공제는 큰 의미에서 그 부분의 의미를 제거하는 방식이고, 이유는 뒤의 문장이 앞 문장에 이유나 근거를 제공하는 관계이다. 상세화는 일반적 진술과 구체적 진술이 결합하여 의미를 형성하며, 문제해결관계는 문제를 제기하고 해결하여 의미관계를 형성한다. 초담화는 텍스트의 내용을 형성하기보다 내용 형성을 도와주는 역할을 한다. 김봉순은 메이어의 분류관계를 근거로 핵심-부가관계, 원소-원소관계, 원인-결과관계, 문제-해결관계, 대응점-대응점관계로 분류하였다. 핵심-부가관계는 일반적 진술과 구체적 진술로 성립하는 관계이고 원소-원소관계는 서로 다른 사상을 지시하는 둘 이상의 명제가 어떤 공통점으로 연결되는 관계이다. 원인-결과관계, 문제-해결관계는 원인과 결과 또는 문제와 해결 등의 강력한 고리로 연결된 관계를 말한다. 대응점-대응점관계는 비교가 되는 연결고리가 발생하면서 성립하는 관계를 말한다. 박진용은 의미관계를 수집관계, 인과관계, 비교대조관계, 문제해결관계로 나누었다. 이 글은 박진용이 제시한 분석 유형을 사용했다. 박진용은 문장을 분석단위로 하여 텍스트구조를 수직적 의미관계 유형과 수평적 의미관계 유형으로 분류하였다. 그래서 수평적 의미관계 유형만 제시한 다른 이들의 분석 유형에 비해 명확하다. 구체적으로 보면 **표 2**와 같다.

수평적인 의미관계는 텍스트 구성요소가 대등하게 연결된 의미관계이다. 여기에는 수집관계, 인과관계, 문제해결관계, 비교대조관계가 있다. 먼저 수집관계는 대등적 의미를 지니며 선행요소와 후행요소를 연결한다. 대표적으로 나열, 시간 순서, 과정 등이 있다. 인과관계는 원인이 되는 선행요소와 결과가 되는 후행요소를

표 2 박진용의 텍스트구조 의미관계 유형

	문장-문장관계	종류
수평적 의미관계	수집관계	나열, 시간 순서, 과정 등
	인과관계	원인-결과, 조건-결과, 전제-결론 등
	문제해결관계	문제-해결, 질문-대답, 제안-반응 등
	비교대조관계	비교, 대조 등
수직적 의미관계	부가관계	환언, 상세화, 비유, 이유 제시, 증거 제시 등
	일반화관계	요약정리, 결론 제시 등

연결한다. 대표적인 관계방식으로 원인-결과, 조건-결과, 전제-결론 등이 있다. 문제해결관계는 문제를 나타내는 선행요소와 해결을 나타내는 후행요소를 연결하며 문제-해결, 질문-대답, 제안-반응 등이 대표적인 관계방식이다. 비교대조관계는 유사점이나 차이점을 지니는 선행요소와 후행요소를 대등하게 연결하며 관계방식에는 비교, 대조 등이 있다.

수직적 의미관계는 텍스트 구성요소가 수직적 위계수준으로 연결된 의미관계로 부가관계와 일반화관계가 있다. 부가관계는 중심의미를 나타내는 선행요소와 보강하는 후행요소로 연결된다. 선행요소는 후행요소와 부가관계를 맺음으로써 중심 의미를 더욱 보충하고 부연한다. 부가관계는 환언, 상세화, 비유, 이유 제시, 증거 제시가 있다. 일반화관계는 구체적이고 부분적인 선행요소와 일반적이고 포괄적인 후행요소를 연결하는 것으로, 후행요소가 선행요소를 포괄한다. 대표적인 관계방식으로 요약정리, 결론 제시가 있다.[6]

텍스트구조의 위계성에 따른 상위구조와 하위구조의 응집성 정

---

6   박진용, 앞의 글, 165~167쪽; 이경화, 앞의 책, 74~75쪽.

도를 파악하는 것은 학생들이 국사교과서의 역사적 사실과 지식을 위계적으로 습득할 수 있는지 살펴볼 수 있는 기회를 줄 것이다.

2. 국사교과서 텍스트구조 분석

이 장에서는 〈공예〉 단원을 통해 상위구조에 교과서 저자가 꼭 전하고자 하는 중심내용, 혹은 교육과정에 제시된 학습내용이 적절하게 제시되었는지 살펴보았다. 상위구조에 서술된 중심내용의 기준은 교사용 지도서에서 제시한 학습 단원 목표와 교과서 대단원에 제시된 과제로 하였다.[7]

먼저, 중단원 '고대의 문화' 중 〈불상조각과 공예〉 단원이다.

불상조각과 공예

① 불교가 성행함에 따라 불상이 많이 제작되었다. ② 삼국은 각기 중국에서 불상 제작법을 받아들이면서도 각각의 독창성을 발휘하였다. ③ 고구려의 연가 7년명 금동여래입상은 두꺼운 의상과 긴 얼굴 모습에서 북조양식을 따르고 있으나, 강인한 인상과 은은한 미소

---

7 분석 단위는 문장으로 하였다. 문장은 복문과 단문의 구조적 유형으로 텍스트에서 실현된다. 단문은 텍스트 분석의 기본단위로 설정될 수 있으나 복문은 통사적·의미적 특징에 따라 분석 단위로서의 성립 여부가 결정된다. 포유문을 구성하는 내포문과 종속 연결문을 구성하고 있는 접속절은 독립적으로 분석 단위가 될 수 없으므로 포유문, 종속 연결문 전체가 분석단위로 설정된다. 그리고 대등연결문은 접속절 하나하나가 독립성을 유지한 완결된 의미체이므로 분석단위로 설정된다. 박진용, 〈텍스트 의미구조의 과정중심 분석 방법 연구〉, 한국교원대학교대학원 석사학위논문, 1997, 37~39쪽.

에는 고구려의 독창성이 보인다.

④ 백제의 서산 마애삼존불은 부드러운 자태와 온화한 미소로 자비와 포용의 태도를 나타내 보이고 있다. ⑤ 신라의 경주 배리 석불입상도 푸근한 자태와 부드럽고 은은한 미소를 띠고 있는데, 신라조각의 정수를 보여주고 있다.

⑥ 삼국시대의 불상 조각에서 두드러진 것은 미륵보살 반가상을 많이 제작한 점이다. ⑦ 이 중에서도 탑 모양의 관을 쓰고 있는 금동 미륵보살 반가상은 날씬한 몸매와 그윽한 미소로 유명하다. ⑧ 삼산관(三山冠)을 쓰고 있는 금동 미륵보살 반가상도 부드러운 몸매와 자애로운 미소로 널리 알려져 있다.

⑨ 통일신라시대에 들어와 균형미가 뛰어난 불상들이 만들어졌다. ⑩ 이 시기 조각의 최고 경지를 보여주고 있는 것은 석굴암의 본존불과 보살상들이다. ⑪ 석굴암 주실의 중앙에 있는 본존불은 균형 잡힌 모습과 사실적인 조각으로 살아 움직이는 느낌을 갖게 한다. ⑫ 본존불 주위의 보살상을 비롯한 부조들도 매우 사실적이다. ⑬ 입구 쪽의 소박한 자연스러움이 안쪽으로 들어가면 점점 정제되어, 불교의 이상세계를 구체적으로 실현하고자 하는 의도가 보인다.

⑭ 발해에서도 불교가 장려됨에 따라 불상이 많이 제작되었다. ⑮ 상경과 동경의 절터에서는 고구려양식을 계승한 것으로 여겨지는 불상도 발굴되었다. ⑯ 이 불상은 흙을 구워 만든 것으로, 두 분의 부처가 나란히 앉아 있는 모습을 하고 있다.

⑰ 발해에서는 자기공예가 독특하게 발전하였다. ⑱ 발해의 자기는 가볍고 광택이 있는데, 그 종류나 크기, 모양, 색깔 등이 매우 다양하였다. ⑲ 당시 당나라 사람들도 그 우수함을 인정하여 수입해갔

다고 한다.

⑳ 한편, 고대에는 불교와 관련된 석조물들을 많이 만들었다. ㉑ 불국사 석등과 법주사 쌍사자 석등은 단아하면서도 균형 잡힌 걸작으로 꼽힌다. ㉒ 이와 아울러 통일신라시대의 무열왕릉비 받침돌은 거북이가 힘차게 전진하는 생동감 있는 모습으로 유명하다.

㉓ 발해의 조각은 궁궐터에서 발견되는 유물을 통해서 알 수 있다. ㉔ 발해의 벽돌과 기와 무늬는 고구려의 영향을 받아 소박하고 힘찬 모습을 띠고 있다. ㉕ 상경에 완전한 모습으로 남아 있는 석등은 발해 석조미술의 대표로 꼽힌다. ㉖ 팔각의 단 위에 중간이 약간 볼록한 간석 및 그 위에 올린 창문과 기왓골이 조각된 지붕은 발해 특유의 웅대한 느낌을 자아내고 있다.

㉗ 통일신라의 공예에서 빼놓을 수 없는 것이 범종이다. ㉘ 통일 후에는 상원사 종, 성덕대왕 신종 등 범종이 많이 주조되었다. ㉙ 특히, 성덕대왕 신종은 맑고 장중한 소리, 그리고 천상의 세계를 나타내 보이는 듯한 경쾌하고 아름다운 비천상으로 유명하다.

이를 구조화하면 오른쪽 **표 3**과 같다.

학생들이 학습내용을 쉽게 이해할 수 있도록 구조화되었는지 텍스트구조로 분석하였다.

삼국과 남북국이 "불교의 영향을 받아 불교미술이 발달했다"와 "발해의 문화가 고구려를 계승했다"는 점이 이 단원의 주요 학습 내용이다.[8] 최상위구조 ① "불교가 성행함에 따라 불상이 많이 제

8   교육인적자원부, 《교사용지도서 고등학교 국사》, 2002, 63쪽.

표 3 〈불상조각과 공예〉 의미구조도

수준 1 (최상위 구조)	①	수준 1 (최상위 구조)	⑰	수준 1	⑳	수준 1	㉓	수준 1	㉗
부가 (상세화) 수준 2 (수집)	↗ ↖ ↖ ② ⑨ ⑭	부가 (상세화) 수준 2 (수집)	↑ ↑ ⑱ ⑲	부가 (상세화) 수준 2 (수집)	↗ ↑ ㉑ ㉒	부가 (상세화) 수준 2 (수집)	↑ ㉔	부가 (상세화) 수준 2	↑ ㉘
부가 (상세화) 수준3 (비교대조)	↑ ↑ ↗↑↖↖ ↑ ↑ ③④ ⑤⑥⑩ ⑮							부가 (상세화) 수준 3	↑ ㉕	부가 (상세화) 수준 3	↑ ㉙
부가 (상세화)	↗↑ ↑↖↖↑ ⑦ ⑧ ⑪⑫⑬⑯							부가 (상세화) 수준4	↑ ㉖		

작되었다"에 문장 ②, ⑨, ⑭가 각각 삼국시대, 통일신라, 발해의 불상들을 제시하며 ①과 부가관계를 맺고 있다. 그리고 ②, ⑨, ⑭ 각각의 문장은 수집관계를 형성한다. ② 삼국시대 불상에 대해 ③~⑥는 부가관계를 맺고, 수평적인 의미에서 ③~⑤는 고구려, 백제, 신라 불상들의 차이점을, 문장 ⑥은 유사점을 제시하여 비교대조관계를 형성하고 있다. ①을 최상위로 한 이 텍스트구조는 "불교의 영향을 받아 불교미술이 발달했다"는 학습내용을 충실하게 전달하고 있다. 반면, "발해의 문화가 고구려를 계승했다"라는 학습내용은 ⑭, ㉓을 최상위로 하는 문장에서 볼 수 있으나 고구려의 계승과 직접 관련된 문장은 문장 ⑮와 ㉔로 하위구조에 위치해 있다. 그 결과, ⑮의 경우는 하위구조(수준 3) 8개 중 하나에 해당하고, ㉔는 9개의 하위구조(수준 2) 중 하나이다. 이뿐만 아니라 두

문장은 긴밀하게 연결되지 못하고 각각 흩어져 있어 학생들이 학습내용을 쉽게 이해하지 못한다. 따라서 발해문화가 고구려를 계승했다는 것을 꼭 학생들이 쉽게 인식하게 하려면 상위구조로 이동시켜야 한다. 예로, 두 학습내용을 소단원에 함께 제시해야 한다면, 불교미술에 관한 이야기를 하나의 상위구조를 만들어 고대, 남북국시대 불교미술을 먼저 서술한다. 그 다음 고구려를 계승한 발해문화라는 또 하나의 주제를 만들어 상위구조로 한 후, 아래에 구체적인 유물을 증거로 제시할 수 있다.

한편 상위구조와 하위구조 간 의미의 결속력도 부족하다. 먼저, 문장 ⑨를 보면 통일신라의 불상이 균형미가 이루어졌다고 하면서 그 예로 석굴암을 들었는데, 아래 ⑪, ⑫, ⑬은 균형미에 초점을 맞춰 서술되기보다 사실미, 자연스러움, 이상세계 등의 내용으로 문장 ⑨의 균형미와는 거리가 있다. 이 부분은 문장 ⑨를 "통일신라시대의 불상들은 균형미와 사실적인 표현, 그리고 이상적인 세계를 표현하려고 했다"고 수정한 후 아래를 좀 더 구체적으로 표현하는 것이 적절해 보인다. 또 ⑳의 경우도 불교와 관련된 석조물을 최상위구조로 했으나, ㉒의 경우는 불교와 관련이 없는 석조물을 제시하여 상위구조와 하위구조의 관계가 긴밀하지 못하다.

문장 ⑰은 발해의 자기공예를, ⑳은 고대의 불교와 관련된 석조물을, ㉓은 발해의 유물에 대한 것을, 그리고 ㉗은 통일신라공예에 관한 것으로 각각 최상위구조를 이루고 있어 수집관계에 의한 상위구조가 4개가 됨을 알 수 있다. 이렇게 상위구조가 수집관계로 많이 존재하면, 학생들은 이들 수집관계를 포괄할 수 있는 내용을 스스로 추출해야 하는 어려움을 겪게 된다. 따라서 교과서 저자가 공통적인 부분을 찾아 최대한 묶어줌으로써 상위구조를 줄여 주는 배려가 필요하다.[9] 위의 경우도 ①과 ⑳은 불교의 성행으로, ⑰과 ㉗은 이 당시 공예에 대한 설명으로 충분히 묶을 수 있다. 예컨대, 상위구조 ①을 "고대는 불교가 성행함에 따라 불교와 관련된 예술품들이 많이 만들어졌다"고 하고 그 하위구조로 "불교 관련 불상과 석조물 등이 많았다"를 서술할 수 있다. 그리고 ⑰과 ㉗ 역시 "한편, 통일신라와 발해는 공예가 발달했다"는 상위구조를 제시한 다음 "먼저, 통일신라의 대표적인 공예인 범종은… 발해는 자기공예가…"라는 식으로 텍스트구조를 이어가는 것이 글을 이해하는 데 도움이 된다.

다음은 고려시대 공예 부분에 대한 분석이다.[10]

청자와 공예

① 고려 귀족들은 자신들의 사치생활을 충족하기 위하여 다양한 예술작품을 만들어 즐겼으므로 예술 면에서도 큰 발전을 나타내었다. ② 그중에서도 가장 돋보이는 분야는 공예였다. ③ 공예는 귀족

---

9 텍스트구조를 분석하면 크게 두 가지 결과가 나타난다. 하나는 최상위수준에 정보가 위치하는 형태이고 다른 하나는 최상위수준에 정보가 없는 경우이다. 전자의 경우는 명시적으로 드러난 텍스트로서 최상위수준에 위치한 정보가 자연스럽게 중심내용이 된다. 그러나 최상위수준에 정보가 위치하지 않은 형태는 최상위수준의 관계를 이루는 정보들을 바탕으로 중심내용을 파악해야 한다. 그런데 하위구조가 수집관계로 이루어진 경우라면 중심내용은 여러 개의 문장으로 표현된다. 따라서 이런 경우는 수집관계를 이루는 정보를 포괄할 수 있는 내용을 직접 추출해야 하기 때문에 독자는 텍스트로부터 정보를 얻는 데 많은 인지적 노력이 필요하게 된다. 이삼형, 앞의 글, 87~88쪽.

10 교육인적자원부, 《고등학교 국사》, 2002, 282쪽.

들의 생활도구와 불교 의식에 사용되는 불구 등을 중심으로 발전하였고, ④ 특히 자기공예가 뛰어났다.

⑤ 고려자기는 신라와 발해의 전통과 기술을 토대로 송의 자기 기술을 받아들여 귀족사회의 전성기인 11세기에 독자적인 경지를 개척하였다. ⑥ 자기 중에서 가장 이름난 것은 비취색이 나는 청자인데, 중국인들도 천하의 명품으로 손꼽았다. ⑦ 청자의 그윽한 색과 다양한 형태, 그리고 고상한 무늬는 자연에 뿌리를 두고 있는 우리 민족의 정취를 풍기고 있다.

⑧ 12세기 중엽에 고려의 독창적 기법인 상감법이 개발되어 자기에 활용되었다. ⑨ 상감청자는 무늬를 훨씬 다양하고 화려하게 넣을 수 있었기 때문에 청자의 새로운 경지를 열었다. ⑩ 상감청자는 강화도에 도읍한 13세기 중엽까지 주류를 이루었으나, 원 간섭기 이후에는 퇴조해갔다.

⑪ 고려의 청자는 자기를 만들 수 있는 흙이 생산되고 연료가 풍부한 지역에서 구워졌는데, 전라도 강진과 부안이 유명하였다. ⑫ 특히, 강진에서는 최고급의 청자를 만들어 중앙에 공급하기도 하였다. ⑬ 그러나 고려 말 원으로부터 북방 가마의 기술이 도입되면서 청자의 빛깔도 퇴조하여 점차 소박한 분청사기로 바뀌어 갔다.

⑭ 고려의 금속공예 역시 불교도구를 중심으로 크게 발전하였다. ⑮ 청동기 표면을 파내고 실처럼 만든 은을 채워 넣어 무늬를 장식하는 은입사 기술이 발달하였다. ⑯ 은입사로 무늬를 새긴 청동 향로와 버드나무와 동물무늬를 새긴 청동 정병이 대표작이다.

⑰ 한편, 옻칠한 바탕에 자개를 붙여 무늬를 나타내는 나전칠기공예도 크게 발달하였다. ⑱ 특히, 불경을 넣는 경함, 화장품갑, 문방구

등이 남아 있는데, 한가하고 푸근한 경치를 섬세하게 새겨 넣은 작품들에서 우리의 정서를 읽을 수 있다. ⑲ 이런 나전칠기공예는 조선시대를 거쳐 현재까지 전하고 있다.

표 4 〈청자와 공예〉 의미구조도

수준 1(최상위구조)	①	
부가관계(증거 제시) 수준 2	↑ ②	
부가관계(상세화) 수준 3	↑ ③	
부가관계(상세화) 수준 4(수집)	④	⑭ ⑰
부가(상세화) 수준 5(수집)	⑤ ⑧ ⑪ ⑬	⑮ ⑯ ⑱ ⑲
부가(상세화) 수준 6(수집)	⑥ ⑦ ⑨ ⑩ ⑫	

단원목표는 "고려시대에는 불교미술과 함께 귀족생활과 공예미술이 특히 발달했음을 이해한다"로 설정되었다.[11] 아울러 중세문화의 시작 부분에 "1. 문방구를 비롯한 여러 가지 청자들을 통하여 고려문화의 특징을 찾아보자. 2. 은입사기법을 조사해보고 그것의 발전과정을 파악해보자"라는 과제가 제시되었다.

텍스트구조에 의하면 이 단원에서는 "고려시대에는 귀족들의 사치생활을 위해 예술이 발달했다"가 상위구조가 된다. "공예가 대

---

11 교육인적자원부, 《교사용지도서 고등학교 국사》, 63쪽.

표적인 것이고 공예는 불교의 영향을 받았다"가 그 하위구조(수준 2)를 형성하고, "자기공예, 금속공예, 나전칠기공예 등이 대표적이다"가 그 다음 하위구조(수준 3)가 된다. 이 구조는 학습목표인 "불교미술, 귀족생활과 관련하여 공예미술이 발달했다"를 잘 보여주고 있다. 반면, 단원과제인 "청자를 통해 고려문화의 특징을 알아보자"와 "은입사기법을 조사해보자"를 해결하는 데 도움이 되는 문장은 하위구조(수준 5)에 위치해 있다. ⑤, ⑧, ⑪, ⑬, ⑮, ⑯, ⑱, ⑲의 8개 문장 중의 하나로, 하위구조를 상위구조로 끌어 올려야 학생들이 빨리 파악하고 오래 회상할 수 있다.

한편, 상위구조와 각각 하위구조에 해당하는 문장 사이의 결집력 정도를 보면 여러 가지 문제가 나타난다. 먼저 문장 ①인 "귀족생활의 사치생활을 위해 예술이 발달했다"를 최상위로 하여 여러 하위구조들이 만들어졌으나 각각 내용을 보면, 자기공예가 귀족의 사치생활을 위해 만들어졌다는 내용들은 거의 찾아볼 수 없다. 귀족사회 전성기에 나타났다는 문장을 통해 학생 스스로 추론해야 한다. 오히려 자기공예의 초점은 고려자기의 변천과정과 자기의 우수성(중국인들의 칭찬, 상감법의 독창성)에 맞추어져 있다.

금속공예도 불교도구 중심으로 발전했다고 하여 문장 ③과 연결된 듯 보이나 실제로는 금속공예의 일종인 은입사 기술과 대표적인 작품에 대한 설명으로 불교도구와는 별 관계가 없다. 나전칠기공예 역시 불경을 넣은 경함 이외에는 문장 ③과 큰 결속관계가 없다.

다음은 중단원 '근세의 문화' 중 공예와 관련된 부분이다.

분청사기, 백자와 공예

① 실용과 검소를 중요하게 여긴 기품을 반영한 조선의 공예는 고려시대와는 달리, 사치품보다는 생활필수품이나 문방구 등에서 그 특색을 나타내었다. ② 대표적인 공예 분야는 자기였다. ③ 궁중이나 관청에서는 금이나 은으로 만든 그릇 대신에 백자나 분청사기를 널리 사용하였다. ④ 분청사기와 옹기그릇은 전국의 자기소와 도기소에서 만들어져 관수용이나 민수용으로 보급되었다. ⑤ 특히, 경기도 광주의 사옹원 분원에서 생산하는 자기의 품질이 우수하였다.

⑥ 분청사기는 청자에 백토의 분을 칠한 것으로, 백색의 분과 안료로써 무늬를 만들어 장식하였다. ⑦ 이러한 분청사기는 안정된 그릇 모양과 소박하고 천진스러운 무늬가 어우러져 정형화되지 않으면서 구김살 없는 우리의 멋을 잘 나타내고 있다. ⑧ 그러나 분청사기는 16세기부터 세련된 백자가 본격적으로 생산되면서 점차 그 생산이 줄어들었다.

⑨ 조선의 백자는 고려 백자의 전통을 잇고 명나라 백자의 영향을 받아 이전보다 질적인 발전을 이루었다. ⑩ 백자는 청자보다 깨끗하고 담백하며 순백의 고상함을 풍겨서 선비들의 취향과 어울렸기 때문에 널리 이용되었다.

⑪ 장롱, 문갑 같은 목공예 분야와 돗자리공예 분야에서도 재료의 자연미를 그대로 살린 기품 있는 작품들이 생산되었다. ⑫ 이 밖에, 쇠뿔을 쪼개어 무늬를 새긴 화각공예, 그리고 자개공예도 유명하며 ⑬ 수와 매듭에서도 부녀자들의 섬세하고 부드러운 정취를 살린 뛰어난 작품들이 있다.

표 5 〈분청사기, 백자와 공예〉 의미구조도

수준 1(최상위구조)	①
부가(증거 제시)	↗ ↑ ↖ ↖
수준 2(수집)	②　　　⑪　　　⑫　⑬
부가(상세화)	↗ ↗ ↗ ↑ ↖ ↖ ↖
수준 3(비교대조)	③④　⑥　⑦　⑧ ⑨ ⑩
부가(상세화)	↑
수준 4	⑤

　이 단원의 학습내용은 "조선시대의 공예와 건축은 고려시대와는 달리 서민적이고 실용적인 특성을 지니면서 발달하였음을 이해한다"이다.

　상위구조는 "조선의 공예는 실용과 검소를 중요하게 여기며 생활필수품과 문방구에서 그 특색을 볼 수 있다"로, 학습목표에서 전달하려고 하는 내용을 잘 구조화하고 있는 듯하다. 그리고 하위구조는 자기공예와 목공예, 돗자리공예, 화각공예, 자개공예와 수와 매듭 등이 수평적으로는 수집관계를, 수직적으로는 최상위구조를 증거 제시로 적절하게 뒷받침해주고 있다.

　그러나 논리적인 구조상 문장 ⑪, ⑫, ⑬은 '조선공예의 대표적인 예'로서의 하위구조(수준 2)는 될 수 있으나 최상위구조의 '실용과 검소를 중요하게 여긴다'를 잘 전달하기는 부적절하다. 그리고 문장 ⑪의 목공예의 실제 설명은 실용과 검소보다는 자연미에 더 초점을 맞추고 있다. 자연미는 실용이나 검소와는 의미가 다르다. 조선시대에는 있는 그대로 결을 살려 만든 작품이 자연미가 흐르면서 검소함을 보여줬을지 모르나 오늘날 학생들에게 자연미를 살린 작품이 곧 검소한 작품이라는 설명은 설득력이 떨어진다. 그리고 "화각공예, 자개공예, 수와 매듭이 있었다"의 문장도 '검소 혹은 실용', '생활필수품 혹은 문방구'를 제대로 설명하지 못한다.

　언뜻 보면 이 단원은 상위구조를 중심으로 하위구조가 잘 구조화된 듯하지만, 상위구조의 문장을 응집력 있게 뒷받침하지 못하고 있다. 하위구조를 그대로 둔 상태에서 이들을 모두 포괄하는 상위구조를 만든다면 '조선시대 자기공예 종류에는 ～가 있다.' 정도가 되어야 한다.

　또 자기공예 중, 분청사기와 백자 두 가지를 비교대조관계로 서술하고 있지만 학생들이 이해하기 어렵다. 분청사기는 시간이 갈수록 민수용으로 보급되어감과 아울러 소박하고 천진스런 무늬 등이 나타났다고 하여 최상위구조를 상세화시키고 있지만, 문장 ⑧의 백자는 세련되고 선비들의 취향과 어울린다는 표현으로 백자를 통해 서민용, 검소, 실용성을 찾기는 무리가 있기 때문이다. 이 부분을 쉽게 이해하기 위해서는 상위구조를 "조선시대공예는 생활필수품, 문방구에서 실용성과 검소함을 중시하였고 양반의 취향을 위한 공예도 발달했다"로 하는 것이 더 적절하다.

　그리고 이 단원과제는 "분청사기의 종류와 변천을 조사하고 그것을 통해 우리 문화의 특징을 파악해보자"이다. 이 과제는 하위구조(수준 3)에 위치한 8개 문장 중 하나인 분청사기를 인식하기 때문에 쉽게 파악되지 않는다. 이 역시 분청사기 부분을 상위구조로 올리거나 과제를 바꿀 필요가 있다. 과제를 바꿀 경우 "분청사기와 백자를 통해 조선시대공예의 특징을 알아보자"고 제시했다면, 최상위구조인 ①과 쉽게 연결이 가능할 것이다.

　마지막으로 중단원 '문화의 새 기운'의 〈백자와 생활공예, 음악〉 단원이다.

백자와 생활공예, 음악

① 조선후기에는 산업 부흥에 따라 공예가 크게 발전하였다. ② 자기공예에서는 백자가 민간에까지 널리 사용되면서 본격적으로 발전하였다. ③ 청화백자가 유행하는 가운데 형태가 다양해지고 안료도 청화, 철화, 진사 등으로 다채로웠는데, ④ 제기와 문방구 등 생활용품이 많았다. ⑤ 형태와 문양이 어울려 우리의 독특하고 준수한 세련미를 풍겼다. ⑥ 이와 함께 서민들은 옹기를 많이 사용하였다.

⑦ 목공예도 생활수준이 높아짐에 따라 크게 발전하였다. ⑧ 장롱, 책상, 문갑, 소반, 의자, 필통 등 나무의 재질을 살리면서 기능을 갖춘 작품들이 만들어졌다. ⑨ 화각공예도 독특한 우리의 멋을 풍기는 작품들이 많았다.

⑩ 음악에 있어서도 새로운 움직임이 나타났다. ⑪ 음악의 향유층이 확대됨에 따라 성격이 다른 음악이 다양하게 나타나 발전하였다. ⑫ 양반층은 종래의 가곡, 시조를 애창하였고, 서민들은 민요를 즐겨 불렀다. ⑬ 이와 함께 상업의 성황으로 직업적인 광대나 기생들이 판소리, 산조와 잡가 등을 창작하여 발전시켰다. ⑭ 이 시기의 음악은 전반적으로 감정을 솔직하게 표현하는 경향이 더욱 강하였다.

이 단원의 학습내용과 단원 개관 문제는 교사용 지도서에 제시되지 않아 학습내용이 상위구조에 제대로 위치해 있는지 알 수 없다. 그래서 상위구조와 하위구조의 의미들이 얼마나 긴밀하게 구성되었는지 살펴보았다.

표 6 〈백자와 생활공예, 음악〉 의미구조도

수준 1 (최상위구조)	①	⑩
부가(상세화) 수준 2 (수집)	② ⑦ ⑨	⑪ ⑭
부가(상세화) 수준 3 (수집)	③ ④ ⑤ ⑥ ⑧	⑫ ⑬

상위구조는 "① 산업의 부흥에 따라 공예가 발달하였다"는 것과 "⑩ 음악에서 새로운 움직임이 나타났다" 두 가지로 구성되었다.

①에 대한 하위구조(수준 2)는 자기공예가 민간에 널리 확대되었다는 것과 생활용품이 많이 등장했다는 점, 목공예도 생활수준이 높아짐에 따라 많이 발전했다는 점, 화각공예에는 우리의 멋을 풍기는 작품이 많았다는 점이 따라온다. 하지만 상위구조인 산업의 발달로 인해 공예가 발달했다는 설명과 직접적인 관계가 있는 것은 목공예가 생활수준이 높아지면서 발전했다는 ⑦ 설명밖에 없다. 다른 하위구조는 단지 공예의 종류 중의 하나라는 설명이외에 다른 의미관계, 즉 산업부흥으로 공예가 어떤 식으로 발전했다는 의미는 찾아볼 수 없다.

또 다른 상위구조인 "음악에서 새로운 움직임이 나타났다"에서 새로운 움직임은 그 다음 하위구조에서 설명하듯이 음악의 향유층이 확대되어 다양한 음악이 나타났다는 것이다. 그러나 한정된 지면에 많은 내용을 서술해야 한다는 교과서 서술의 한계점을 고려한다면 도입을 알리는 문장을 굳이 상위구조에 서술할 필요는 없다. 즉 문장 ⑩을 없애고 ⑪을 상위구조로 만들어 "음악의 향유층이 확대되어 다양한 음악이 발전했다"를 바로 서술하는 것이 더 효과적이다.

한편, 이 단원에서도 ①과 ⑩의 2개의 상위구조가 수집관계로 형성되었다. 이미 앞에서 설명했듯이, 학생들은 수집관계에 의한 상위구조를 보며 스스로 공통적인 요소를 추출해야 하기에 번거롭다. 그리고 이런 구조가 많아질수록 나열식 서술이 된다. 따라서 군이 소단원에 2개의 상위구조를 만드는 것보다는 "조선후기는 산업의 부흥으로 인해 서민들을 위한 예술이 발전했다. 먼저 공예 부분에서는 청화백자가 민간에 널리 사용되어 본격적으로 발달했다. … 음악 부분에서는 서민들의 참여로 인해 음악의 향유층이 확대되고 다양한 음악이 발전했다…" 식으로 바꾸는 것이 적절하다.

3장

수사적 표현으로 본
국사교과서 서술 분석

1. 메타담론으로 본 수사적 표현

  일반적으로 독자가 저자를 알고 글을 읽으면 의미를 이해하기 쉽다. 독자는 글을 읽는 동안 저자에 대해 일정한 상을 만들어 그 상을 통해 내용을 이해하거나 주제에 대한 신념을 갖는다. 수사는 독자가 저자의 상을 만드는 데 도움을 준다. 사회학에서 말하는 수사는 텍스트 안에 저자의 생각을 반영하는 것으로, 저자와 독자 혹은 상황과 주제 사이의 관계에서 의사소통을 할 수 있도록 도와준다.[1] 역사교과서의 저자들도 어떤 장치를 사용하여 텍스트 속에서 자신을 알리고자 한다. 저자를 알기 위해서는 이런 장치를 파악해야 하는데, 그 장치 중 하나가 메타담론이다. 메타담론은 텍스트에서 저자가 말하려고 것을 보여주는 수사 장치다. 메타담론에 대한 정확한 정의를 내리긴 어렵지만, 이 수사 장치를 통해 저자는 독

---

1   Ricca Edmondson, *Rhetoric in Sociology*, London: Macmillan, 1994, p. 8.

자와 대화하고 독자는 저자의 태도를 파악한다. 저자는 텍스트의 추측사(hedges), 연결사(connectives) 등 다양한 언어형식을 이용해 텍스트에 드러난다.[2] 독자는 언어형식을 보고 텍스트 속에 저자가 존재한다는 것을 알고, 텍스트에 관심을 갖는다.

핼리데이(M. A. K. Halliday)는 언어를 관념적(ideational) 기능, 대인관계적(interpersonal) 기능, 텍스트적(textual) 기능으로 분류하였다. 관념적 기능은 저자의 마음에서 일어난 사건의 상태를 표현하는 것으로 메타담론이라기보다 담론 자체이다. 대인관계적 기능은 다른 사람이 어떤 행동을 하고 저자와 독자의 관계가 어떻게 만들어지는지를 보여준다. 그리고 텍스트적 기능은 독자와 문장 그리고 텍스트와 문맥(context)이 어떻게 연결되는지 알려준다.[3] 언어의 세 기능 중 대인관계적 기능과 텍스트적 기능이 메타담론의 이론적 근거가 된다.

하이랜드(Ken Hyland)는 독자가 텍스트에서 저자의 태도를 보고, 텍스트를 이용해 저자와 독자가 상호작용하는 것을 메타담론이라고 했다.[4] 저자는 메타담론을 이용해서 학생들에게 지식 자체가 아닌, 저자가 말하고 싶은 것을 보여주고 독자는 저자의 태도나 생각을 확인하며 글에 흥미를 갖는다. 더 나아가서 저자의 메타

---

2 Ken Hyland, *Metadiscourse*, London: Continuum, 2005, p. 3; Avon Crismore, *Talking with Readers: Metadiscourse as Rhetorical Act*, New York: Peter Lang, 1989, p. 49.

3 William J. Vande Kopple, "Rhetorical or Functional Grammar and the Teaching of Composition," ERIC ED 397408, 1997, pp. 2~3.

4 Jin-Wan, Kim, "Rhetorical Functions of Metadiscourse In EFL Writing," *English Teaching* 54(4), 1999, pp. 3~4.

담론에 익숙해진 학생은 저자의 관점이나 태도를 비판하거나 자신의 기존 생각들을 정정함으로써 텍스트를 재구성하는 독립적인 독자로 성장한다.[5] 하이랜드는 메타담론을 텍스트적 메타담론과 대인관계적 메타담론으로 분류했다. 텍스트적 메타담론은 서술할 내용을 분명하게 해석하도록 도와 저자의 의도를 살려준다. 그리고 독자가 잘 알아보도록 일관성 있게 내용을 서술한다. 텍스트적 메타담론의 하위범주는 논리적 연결어(logical connectives), 틀 표지(frame markers), 내조응 표지(endophoric markers), 증거 표지(evidentials), 코드 주해 표지(code glosses)가 있다. 논리적 연결어는 주요 절과 절의 관계를 의미 있게 표현하는 것이다. '그러나', '따라서' 등의 접속사, 부사구가 있다. 틀 표지는 담론의 경계선을 표시할 때, 순서를 보여줄 때나 텍스트구조 내의 의미를 명확하게 할 때 사용한다. '첫째, 둘째, 그 다음, 마지막으로', '나의 주장은~', '내가 말하는 요점은~'이 대표적이다. 내조응 표지는 '위에서 말했다시피'처럼 텍스트의 다른 부분을 언급하여 독자가 저자의 의도를 알아차리게 한다. '~에 의하면', '~가 말하길'처럼 텍스트의 출처를 말하는 것이 증거 표지다. '즉', '다른 표현으로 하자면'은 코드 주해 표지로, 독자가 어려워하는 내용은 수준을 낮춰 설명해준다. 대인관계적 메타담론은 저자가 내용의 관점을 표현하게 도와준다. 따라서 저자와 독자의 관계를 보여주고 저자의 친밀성, 고립성, 태도, 내용에 대한 책임감, 독자의 참여 정도에 영

---

5   Avon Crismore, "The Rhetoric of Textbook: Metadiscourse," *Journal of Curriculum Studies* 16(3), 1984, pp. 279~280; 양호환, 〈역사교과서의 서술양식과 학생의 역사이해〉, 《역사교육》 59, 1996, 6쪽.

향을 준다. 대인관계적 메타담론에는 추측적 표현(hedges), 확신적 표현(emphatics), 태도 표지(attitude marker), 관계 표지(relational marker), 인칭 표지(person marker)가 있다. 추측적 표현은 내용지식을 제시하거나 평가하는 데 저자가 망설이는 정도를 말하며 '가능하면', '아마도', '다소', '대강', '이런 정도의' 등의 표현이 있다. 확신적 표현은 '확실히', '사실은', '분명하게', '물론' 등 내용의 확신을 나타낸다. 태도 표지는 저자의 감정적인 태도, 즉 중요한 정도, 강제성 개입 여부, 동의나 놀람 표현 등을 보여주며 '놀랍게도', '나는 동의한다.' 등이 있다. 관계 표지는 저자가 독자의 관심에 초점을 두는 것으로 2인칭 대명사, 의문문 등을 말한다. 예로 '솔직하게', '너', '너희들'이 대표적이다. 마지막으로 인칭 표지는 1인칭 대명사로, '나', '우리', '나의 것' 등이 있다.[6]

크리스모어(Avon Crismore)는 메타담론을 담론에 대한 저자의 담론이라고 했다. 담론 속으로 저자가 스며들어 원래 담론을 잘 이해하는 것이다. 메타담론은 저자의 개성이나 창의성을 보여줌으로써 독자가 정보를 해석하고 평가하는 데 도움을 준다.[7] 그녀는 메타담론을 정보적 메타담론(informational metadiscourse)과 태도적 메타담론(attitudinal metadiscourse)으로 나누었다. 정보적 메타담론은 저자가 원담론에 정보를 제공한다. 전체적인 목적 진술, 내용에 대한 전체적인 사전 진술, 전체적인 평가 등 글을 쓰는 목적을 밝

---

6 Ken Hyland, 앞의 책, pp. 26~36; Jin-Wan, Kim, 앞의 글, pp. 10~12.

7 Margaret S. Steffensen and Xiaoguang Cheng, "Metadiscourse and Text Pragmatics: How Students Write After Learning about Metadiscourse," ERIC ED 400709, 1996, p. 153.

히거나 주제에 대해 단언할 때 사용한다. 예로, "이 단원의 목적은 ~이다", "이 장에서는 ~에 대해 알아볼 것이다", "우리는 이 단원에서 ~에 대해 알아보았다"가 있다. 태도적 메타담론에는 '즉', '의심 없이'처럼 강조적 표현(확실한 것에 대한 단호함의 정도), '여전히', '더'와 같은 확신적 표현(중요한 것에 대해 분명한 믿음의 정도), 평가적 표현(사실이나 사건에 대한 판단이나 태도의 표현 정도), 추측적 표현(불확실성 정도)이 있다. 이렇게 보면 크리스모어의 정보적 메타담론은 핼리데이와 하이랜드가 말한 텍스트적 메타담론과 같이 볼 수 있고 태도적 메타담론은 대인관계적 메타담론으로 볼 수 있다.

한편, 크리스모어는 역사교과서와 일반 역사서의 메타담론을 비교했는데, 역사교과서 속 메타담론의 수는 일반 역사서에 비해 적었다고 밝혔다.[8]

올바른 메타담론의 사용은 학생들의 나이 차나 경험 차이 그리고 지식 차이를 고려하여 상황에 맞게 적용되어야 하며 교과서 저자와 학생들 간의 의사소통을 원활하게 해줄 수 있는 것이어야 한다. 현재 교과서에서 강조하고 있는 내용이 전 시대와 다르듯이, 이런 메타담론들은 각 시대의 사회적 조건에 맞춰 변해왔다. 이 글에서는 시기별로 국사교과서의 메타담론들이 어떻게 변해왔는지를 알아보기 위해 하이랜드의 분류방식과 크리스모어의 분류방식을 조합하여 강조적 표현, 평가적 표현, 확신적 표현, 추측적 표현

---

8 Richard J. Paxton, "Someone with like a Life Wrote it: The Effects of a Visible Author on High School History Students," *Journal of Educational Psychology* 89(2), 1997, p. 237.

으로 분류하였다.

먼저, 강조적 표현은 '매우 중요한 것은', '특히∼이러하다', '우선적인 것은', '더욱 더' 등으로 나타나며 글 속의 저자가 어떤 생각이나 사건이 매우 중요하다고 여기거나 부각하고자 할 때 사용하는 표현이다. 확신적 표현은 '확실히', '정말로', '여전히' 등과 '∼임에도 불구하고' 등의 양보절을 가진 문장에서 많이 볼 수 있는데 이 표현을 통해 글을 쓰는 저자가 역사적 사실이나 지식에 대해 어느 정도의 확신을 가지고 있는지를 알 수 있다. 추측적 표현은 '∼일지도 모른다', '아마도', '어쩌면', '거의' 등으로, 확신적 표현과 달리 정확하지 않은 사실을 말하거나 하고 싶은 말을 빙 돌려 말할 때 사용된다. 또 '이렇게 주장할 수도 있다', '이런 표현도 있다'처럼 저자와 생각이 다른 사람들의 글을 제시할 때도 사용할 수 있다. 마지막으로 평가적 표현은 '∼ 의의를 지닌다', '∼라고 평가된다', '이러한 영향을 끼쳤다', '놀랍게도', '충분하게' 등을 말하며 어떤 사건이나 사실에 대해 저자가 본인의 의견이나 논평을 하는 경우에 사용된다.

메타담론은 보통 절이나 그 이상 단위에서 찾아볼 수 있고 길이가 길어질수록 저자의 모습을 더 명확하게 볼 수 있다.[9] 이 글에서 메타담론의 분석 기준을 문장단위로 삼고, 한 문장 안에서 여러 개의 수사적 표현이 나타날 경우에는 더 길게 나오는 표현과 더 많이 나오는 표현, 그리고 더 강하게 사용되는 표현을 우선순위로 하여 분류하였다.

---

9   Jin-Wan, Kim, 앞의 글, p. 12.

예로 "이해 4월 적의 부산 상륙의 급보가 들어오매 조정에서는 당황하여 이일, 신립 등 날랜 장수를 연방 보내어 왜군의 진로를 막았으나 모조리 봉패하였다"의 경우, '연방'은 강조의 표현(단어) 해당하며 '막았으나 모조리 봉패하였다'(구)의 경우는 확신적 표현에 해당한다. 이러한 경우 강조적 표현은 단어로 나타나지만, 확신적 표현은 구로 표현이 되어 더 길고, 강하기 때문에 이 문장은 확신적 표현으로 분류하였다.

2. 국사교과서의 수사적 표현 분석

이 장에서는 메타담론으로 만들어진 국사교과서의 수사적 표현을 분석했다. 저자가 어떤 수사표현방식을 이용하여 그의 의도를 드러냈는지를 알아보았고 분석 단원은 〈임진왜란〉을 선정했다.[10] 일반적으로 저자의 의도는 제도나 사상 분야보다는 사건을 서술할 때 잘 드러나기 때문이다. 또 아무리 공정한 시각을 유지한다고 하더라도 역사해석은 저자의 감정이 들어갈 수밖에 없다는 점을 감안한다면, 이민족과의 전쟁인 임진왜란을 서술할 때 저자가 어떤 입장을 취할지 예상이 되므로 저자의 태도를 쉽게 확인할 수 있다. 주요 교육과정에 따라 발행된 교과서의 〈임진왜란〉 단원의 서술을 살폈다.[11]

10 제1차 교육과정과 제7차 교육과정 시기 〈임진왜란〉 단원의 수사적 표현을 분석하여 '부록'에 수록하였다.

11 분석대상이 된 교과서는 다음과 같다. 진단학회,《국사교본》, 군정청 문교부,

수사적 표현을 만들어내는 데 많은 하위범주의 메타담론이 도움을 주었지만, 그중에서 가장 많이 영향을 준 것은 하이랜드의 대인관계적 메타담론 중 인칭 표지와 관계 표지 그리고 태도 표지다. 그리고 텍스트적 메타담론의 여러 요소들은 주로 문장 형태로 구현되었다. 따라서 〈임진왜란〉에 대한 수사적 표현을 알아보기 위해서 인칭 표지의 변화와 내용 없는 어휘들, 그리고 문형의 변화를 알아보았다. 인칭 표지 변화과정을 보면 **표 7**과 같다.

1946년 교과서는 풍신수길을 '수길'로, 이여송을 '여송', 이순신을 '(우리) 순신'으로 칭하고 '그', '그들'이라는 표현과 '우리나라', '우리 민족', '우리 군대', '아군' 등 '우리'라는 표현이 수시로 쓰였다. 1956년 교과서에서도 여전히 '순신', '우리나라', '우리는', '우리 민간'이라는 표현을 사용하였다. 단, '수길'이라는 표현은 '히데요시'로 바뀌었다. 1967년 교과서는 '순신'이라는 호칭이 '이순신'으로 바뀌고 '우리나라'는 사용 횟수가 점차 줄었다. 1973년 교과서는 '도요토미 히데요시'라는 정식명칭을 사용하고 '우리 군사', '우리나라'라는 표현도 그 전 교과서에 비해 줄어들었다. 1982년 교과서는 '우리 수군'과 '조선수군'이라는 표현이 혼용되었고 1996년은 '우리 수군'이라는 표현이 '조선수군'으로 완전히 바뀌었다. 그리고 2002년은 '도요토미'는 '일본'으로, '우리' 대신 '조선'이라는 표현이 정착하여 개인적인 영웅 이순신보다 '일본', '조선' 등 국가를 중심

1946; 최남선, 《국사》, 민중서관, 1956; 이병도, 《인문계고등학교 국사》, 일조각, 1967; 이홍직, 《인문계고등학교 국사》, 동아출판사, 1973; 문교부, 《고등학교 국사》(상), 1982; 문교부, 《고등학교 국사》(상), 1990; 교육부, 《고등학교 국사》(상), 1996; 교육인적자원부, 《고등학교 국사》(상), 2002이다. 이후부터는 연도로 지칭한다.

표 7 시기별 국사교과서 인칭 표지 변화

시기별 교과서	수사적 표현에 영향을 주는 인칭 표지		
	'도요토미 히데요시'의 변화	'이순신'의 변화	'우리~'의 변화
1946년	'수길'	'우리 순신'	'우리나라' '우리 민족' '우리 군대' 또는 '아군'
1956년	'히데요시'	'순신'	'우리나라' '우리 민간
1967년	'히데요시'	'이순신'	'우리나라' '우리 군사'
1973년	'도요토미 히데요시'	'이순신'	'우리나라' '우리 군사' '조선수군' 등장
1982년	'도요토미 히데요시'	'이순신'	'우리나라' '우리 민족'
1990년	'도요토미 히데요시'	'이순신'	'우리 수군' 또는 '조선수군' '우리 민족'
1996년	'도요토미 히데요시'	'이순신'	'조선수군' '우리 민족'
2002년	'일본'	'이순신'	'조선수군' '조선'

으로 하는 표현이 나타났다.

인칭대명사의 변화 정도는 수사적 표현을 분류하는 데 큰 역할을 한다. 초기에 자주 등장한 '(괴수)수길'이나 '(효융)수길', '(우리)순신', '우리나라', '우리 군대'라는 표현은 저자가 확실하게 조선 편에서 글을 쓰고 있다는 것을 보여준다. 특히, '(우리) 순신이'는 저자가 이순신이라는 인물에 상당한 애정과 호감이 있다는 것을 극명하게 보여준다.

한편, 수사적 표현에 영향을 주는 어휘들도 있다. 이를 정리하면 **표8**과 같다.

표8 수사적 표현에 영향을 주는 국사교과서의 어휘

시기별 교과서	수사적 표현에 영향을 주는 어휘
1946년	어수선한 / 지나친 / 깊이 / 드디어 / 연방 / 모조리 / 전후좌우로 / 부득이 / 무난히 / 쉽사리 / 항상 / 미리 / 재빠른 / 멀리 / 당돌한 / 무수한 / 지처에서 / 장렬한 / 처(부수어) / 겨우 / 외로이 / 통쾌히 / 할 수 없이 / 서서히 / 대개 / 처들어와 / 자못 / 여지없이 / 불행히도 / 능히 / 지극한 / 오직 / 숭고한 / 위대한 / 신묘한 / 죄다
1956년	잠잠하고 / 간혹 / 미리 / 갑자기 / 미처 / 날랜 / 와짝 / 온갖 / 독특한 / 모조리 / 이렁저렁 / 점점 / 갖은 / 어름어름 / 창황히 / 싱겁게 / 능란하게 / 차차 / 갸륵한 / 장엄한
1967년	오히려 / 하등의 / 탁월한 / 교묘한 / 처부수고 / 감실거리게 / 뜻대로 / 유명한 / 휩쓸던 / 웅거한 / 장렬한 / 불미스러운 / 이미 / 끝내 / 별(효과가 없는) / 사무치는 / 가장 / 처(부수어)
1973년	적극적인 / 갑자기 / 미리 / 아무런 / 드디어 / 거의 / 처(부수어) / 눈부신 / 때마침 / 마침내 / 더불어 / 불행히도 / 심히 / 일종의 / 커다란
1982년	점차 / 자주 / 적극적인 / 완전히 / 대대적인 / 세밀하게 / 끝내 / 장렬하게 / 결사적으로 / 역시 / 극히 / 미리 / 크게 / 정연한 / 뛰어난 / 빛나는 / 더불어 / 한층 / 긴밀한 / 깊은 / 능률적으로 / 단연 / 가장 / 커다란 / 다시
1996년	점차 / 자주 / 적극적인 / 끝내 / 마침내 / 알맞은 / 빛나는 / 한층 / 크게 / 다시 / 최후의 / 장렬하게 / 급속히
2002년	더욱 / 자주 / 적극적인 / 철저한 / 미처 / 효과적으로 / 한층 / 급속히 / 큰 / 다시 / 완전

이 어휘들은 저자의 감정이나 태도를 잘 보여주는데 시기별 교과서마다 차이가 있다. 1946년 교과서는 저자의 감정을 직접 드러내주는 어휘들이 많다. 예로 '당돌한', '숭고한', '통쾌히' 등은 저자의 감정을 잘 보여준다. 1956년 교과서에 사용된 '싱겁게', '능란하게', '갸륵한', '장엄한' 등도 저자의 태도를 보여주는 표현이다. 1967년 교과서의 '웅거한', '장렬한', '불미스러운', '사무치는' 등의 어휘도 감정을 보여주는 표현 중 일부다. 그러나 2002년 교과서로 올수록 한 문장 안에 사용된 이런 어휘의 양은 줄고 같은 어휘들이 반복되었다. 예로 2002년 교과서 〈임진왜란〉 단원에 '더욱'이라는 어휘는 2번, '큰'이라는 어휘는 4번씩 반복되었다.

문장도 수사적 표현에 영향을 주기 때문에 저자의 태도를 보여주는 문장을 살펴볼 필요가 있다. 표9로 정리하였다.

1946년에는 다양한 문장과 복합문장이 많은 반면, 2002년 교과서는 명확한 문장을 추구하며 단순하다. 이런 문장구성은 문장의 길이를 결정하여 1946년 교과서의 문장 길이는 긴 반면, 최근 교과서로 올수록 짧고 간결해진다.

한편, 1956년 교과서에는 비유법이 많이 들어가 있는 것이 특징이다. 이외에도 메타담론의 분류체계에는 넣을 수 없지만, '효융', '괴수', '망상가', '야심가', '명장' 등 내용의 일부가 되는 어휘도 수사적 표현에 영향을 주었다.

이상의 논의를 요약하자면, 1946년부터 1957년까지 교과서는 다양한 문장과 어휘, 1인칭 대명사를 통해 저자가 직접 드러나지만, 1967년과 1973년 교과서부터 다소 변화가 생기면서 1982년, 1990년, 1992년, 1996년 교과서에 이르면 저자를 직접 보여주는

표 9 수사적 표현에 영향을 주는 국사교과서의 문장

시기별 교과서	수사적 표현에 영향을 주는 문장
1946년	이와 같이 한 것은 ~이기 때문이기도 하지만 또 ~하기 때문이다/ ~은 물론이요, ~도 했다/ ~하기도 하고 혹은 ~하기도 하며 혹은 ~도 했다/ ~꾀하는 동시에 ~하기도 했다/ ~하지 않을 수 없었다/ ~하자 어쩔 수 없이 ~했다/ ~하고 말았다/ ~뿐만 아니라 거의 ~했다
1956년	간혹 ~하나 ~하지 않았다/ ~하려고 했으나 아무 소용이 없었다/ 모조리 격파하여 한 척도 용허하지 않았다/ 대국이 무너질 것을 한 손으로 꽉 버티고 있었다/ 이렁저렁 여러 해를 끌더니/ ~할 때도 있었다/ ~하는 등/ ~은 물론이요, ~도 나타났다/ ~했으나 ~은 하지 않았다/ 이쪽의 장엄함과 저쪽의 갸륵함
1967년	~을 하고 말았다/ ~이었음에도 불구하고 ~했으나 오히려 ~했다/ ~감실거리게 되었다/ 이로 말미암아 ~도 안 될 뿐 아니라 ~도 못하게 되었다/ ~밖에 없었지만 ~하게 되었다/ ~은 말할 것도 없고 또 ~도/ ~와 같은 것이 대표적 사례이다/ ~골수에 사무치게 되었다/ ~을 했으며 ~도 했다
1973년	~할 필요가 있어서 ~했다/ 이를 ~라고 한다/ ~했던 반면에 ~했다/ ~은 말할 것도 없으며 또 결국 그 때문에 ~했다
1982년	~로까지는 ~하지 못했다/ 이에 반해 ~에 ~했고 ~못한 데다가 ~를 하지도 못했다/ 먼저 ~이어서 ~그 다음에 ~하고 말았다/ 이로써 ~하게 되었다/ ~에서 의의를 지닌다
1990년	~도 있었으나 ~못했다/ ~하고 아울러 ~하기 위해서 ~까지 했다/ 이와 같이 ~했기 때문에/ 처음에 ~이어서 ~했다/ ~하고 말았다
1996년	~하고 아울러 ~을 위해 ~했다/ ~했으나 ~하고 말았다/ ~까지 ~했다/ 처음에는 ~이어서 ~을 했다/ ~면치 못했다
2002년	—이를 ~이라고 한다/ 이로써 ~할 수 있었다

흔적이 점차 없어진다. 2002년 교과서에서는 수사적 표현을 찾기 어렵다. 어휘와 문장이 간결하고 단순해져 메타담론의 수가 줄어들었기 때문이다.

메타담론의 분류체계에서 나온 수사적 표현, 즉 강조적 표현, 확신적 표현, 추측적 표현, 평가적 표현은 각각 저자의 태도와 관점을 어떻게 제시하고 있을까?

먼저 임진왜란의 발생 배경이 시기별 교과서에 어떻게 서술되었는지 알아보자.

① 일본에서는 풍신수길이란 괴걸이 있어 어수선한 그 나라를 통일하고 지나친 망상을 일으키어 조선과 명나라를 노리려하여 먼저 대마도주로 하여금 조선에 대하여 명을 칠 터이니 길을 빌리라 하였다. (1946년)

② 선조 때에 일본에 히데요시란 효웅이 나서 오랫동안 분할 상태에 놓여 있던 국내를 통일하고 이욕과 공명심에 끌려서 명나라를 들이치겠으니 그 가는 길을 비리라고 하면서 군사 20만 명으로써 우리 부산을 침입하였다. (1956년)

③ 일본의 히데요시가 대륙 정복의 기회만 노리고 있었음에도 불구하고 조정에서는 하등의 준비도 없이 당쟁에만 몰두하다가 1592년 침입을 받았던 것이다. (1967년)

④ 일본의 해외진출과 무역 활동에 대한 욕구는 커갔으며 또 제후들의 지방 세력을 억제할 필요가 있었으므로 도요토미는 적극적인 대륙 경략에 계획을 세워 조선에 그 의도를 통고하여 왔다. (1973년)

⑤ 이에 도요토미는 그의 정권을 안정시키기 위하여 불평 세력의 관심을 밖으로 쏠리게 하고 아울러 자신의 정복욕을 만족시키고자 우리나라와 명에 대한 대대적인 침략을 준비하였다. (1982년)

⑥ 도요토미는 그의 정권을 안정시키기 위하여 불평 세력의 관심을 밖으로 쏠리게 하고, 아울러 자신의 정복욕을 만족시키고자 조선과 명에 대한 침략을 준비하였다. (1990년)

⑦ 도요토미는 그의 정권을 안정시키기 위하여 불평 세력의 관심을 밖으로 쏠리게 하고, 아울러 자신의 정복욕을 만족시키고자 조선과 명에 대한 침략을 준비하였다. (1996년)

⑧ 일본은 전국시대의 혼란을 수습한 뒤 철저한 준비 끝에 20만 대군으로 조선을 침략해왔다. (2002년)

　③, ④, ⑧을 제외하고 저자는 임진왜란은 도요토미 히데요시의 정복욕 때문에 발발하였다고 서술했다. 이 내용 이면에 있는 저자의 태도를 보면 ①, ②는 도요토미 히데요시를 '효웅', '괴수', '망상가'로 표현하고 '들이친다', '우리 부산'이라는 표현을 사용하여 저자가 도요토미 히데요시를 적으로 평가하고 동시에 '부산'으로 대변되는 조선에 강한 애정을 느낀다는 것을 알 수 있다. 반면, ⑧은 '철저한'이라는 어휘가 없다면 수사적 표현을 찾기 어렵다. 다른 교과서와 다르게 일본의 침략 이유를 서술하지 않고 도요토미 히데요시가 아닌 '일본'이 침입한 것으로 설정하여 수사 장치가 잘 보이지 않기 때문이다. 그러나 '철저한'이라는 어휘를 통해 우리는 '일본이 치밀한 계획 하에 침입했을 것이다.'는 저자의 평가를 간접적으로 읽을 수 있다.

한편 ③과 ④는 전쟁 발발 원인을 다르게 서술하고 있다. ③은 발발 원인이 도요토미 히데요시의 개인적인 욕망이라고 지적했고 ④는 일본의 해외 진출과 무역에 대한 욕구를 추가했다. 다른 교과서가 모두 일본이 '침략했다', '침략을 준비했다', '침략을 받았다'고 표현하여 일본이 일방적으로 쳐들어왔다고 한다면 ④는 일본이 '통고했다'는 표현을 사용하여 미리 침략 구실을 만들었다는 점을 보여준다.

임진왜란이 일본에 끼친 영향은 다음과 같이 서술되었다.

① 1946년 서술 없음.

② 1956년 서술 없음.

③ 일본은 이 전쟁으로 우리나라 문화의 약탈적인 수입을 보았으니 잡혀간 조선의 도공들은 일본의 도자기 기술을 크게 발전시켰으며 또 그들이 도둑질해간 조선의 서적과 활자는 일본의 학문과 인쇄술을 발달시켰다. 더욱이 이황의 학설을 중심으로 한 조선의 성리학이 이때에 흘러들어가 일본의 경학을 크게 자극하였다. (1967년)

④ 그러나 도자기, 활자, 주자학 등이 전하여져 후대 일본문화에 끼친 영향은 컸다. (1973년)

⑤ 둘째, 동아시아의 문화적 후진국이었던 일본이 우리나라에서 활자, 서적, 도자기, 그림 등의 문화재와 인재를 약탈해갔는데 이는 일본문화 발전에 큰 영향을 끼쳤다. (1982년)

⑥ 그리고 동아시아의 문화적 후진국이었던 일본은 우리나라에서 활자, 서적, 그림 등의 문화재를 약탈하고 학자와 기술자 등을 납

치해갔다. 이와 함께 조선의 성리학도 전해져서 일본문화 발전에 큰 영향을 끼쳤다. (1990년)

⑦ 그리고 동아시아의 문화적 후진국이었던 일본은 우리나라에서 활자, 서적, 그림 등의 문화재를 약탈하고 학자와 기술자 등을 납치해갔다. 이와 함께 조선의 성리학도 전해져서 일본문화 발전에 큰 영향을 끼쳤다. (1996년)

⑧ 일본은 조선에서 활자, 그림, 서적 등을 약탈해갔고 성리학자와 우수한 활자 인쇄공 및 도자기 기술자 등을 포로로 잡아가 일본의 성리학과 도자기문화가 발달할 수 있는 토대를 마련하였다. (2002년)

"임진왜란이 일본에 미친 영향이 무엇인가?"에 대한 내용은 비슷하고 전체적으로 평가적 표현이 주를 이룬다. 그러나 교과서마다 저자의 태도는 미묘한 차이가 있다. ③은 일본이 약탈과 도둑질로 우리 것을 훔쳐가서 발전했다는 것과 우리가 일본에 미친 영향이 매우 컸다는 것을 강조한다. 반면 ④는 조선의 문화재가 일본문화에 영향을 주었다고 평가한다. ⑤와 ⑥, ⑦은 일본에 끼친 영향이 상당히 컸다는 강조적 표현을 사용하면서도 각각 강조하는 것은 다르다. ⑤는 문화재와 인재가 일본문화에 영향을 끼쳤다는 것을 강조하고 ⑥은 이들 문화재, 기술자뿐만 아니라 성리학이 일본에 건너갔다는 것을 더 강조한다. 성리학의 일본 전수에 상당히 의미를 두고 있는 것이다. ⑧은 우리 문화재가 불법적으로 일본에 유입되었고 우수한 기술자들이 강제로 끌려가 일본문화 발전에 기여했다는 평가적 표현을 사용하였다.

같은 내용의 문장을 읽지만 저자가 강조하는 정도는 ③이 가장 강하고 ⑥, ⑦, ⑤ 순서라는 것을 알 수 있다. 결국, 저자는 "임진왜란이 일본에 어떤 영향을 미쳤는가?"라는 내용 전달과 함께 ③, ⑥, ⑦, ⑤처럼 전수한 영향이 매우 컸다는 의견을 강조하기도 하고 ④와 ⑧처럼 임진왜란이 끼친 영향을 평가하기도 했다. 이와 같이 비슷한 내용을 서술하지만, 수사적 표현으로 의미가 미묘하게 달라지는 경우가 많다.

지금까지 논의를 통해, 교수요목기부터 제7차 교육과정 시기에 걸쳐 〈임진왜란〉에 사용된 수사적 표현의 종류와 사용 비율을 **표 10**으로 정리하였다.

표 10 〈임진왜란〉 단원에 사용된 시기별 수사적 표현의 비율

시기별 교과서 \ 수사적 표현	총 문장 수	강조적 표현		확신적 표현		추측적 표현		평가적 표현	
		문장 수	비율 (%)	문장 수	비율 (%)	문장 수	비율 (%)	문장 수	비율 (%)
1946년	32	8	25	8	25	1	3.1	15	46.8
1956년	20	4	20	5	26	2	10	9	45
1967년	47	22	46.8	13	27.6	0	0	12	25.5
1973년	27	9	33.3	5	18.5	0	0	13	48.1
1982년	69	15	21.7	23	33.3	0	0	31	44.9
1990년	41	12	29.2	14	34.2	0	0	15	36.5
1996년	44	13	29.5	20	45.5	0	0	11	25
2002년	31	9	29	16	51.6	0	0	6	19.3

1980년대까지는 대체적으로 평가적 표현이 많고 1996년부터는 확신적 표현이 많은 비중을 차지하였다. 1990년에는 확신적 표현

과 평가적 표현의 비율이 비슷하다. 반면 추측적 표현은 1967년 교과서부터 찾기 힘들다. 구체적으로 보면, 강조적 표현은 꾸준히 사용되었고 확신적 표현은 최근 교과서로 오면서 급증하였으며 평가적 표현은 감소하였다.

강조적 표현은 교과서에 자주 보이는 수사적 표현이다. 최근 교과서로 오면서 예시나 반복 없이 단숨에 서술하는 경우가 많다. 적은 지면에 쓸 내용이 한정되어 있기 때문에 저자는 자신의 생각을 여러 줄로 차근차근 보여줄 수 있는 기회가 거의 없다. 따라서 강조적 표현을 사용하여 한 문장이라도 본인의 관점을 강하게 전달하려고 했다. 최근에 강조적 표현은 문장이 아니라, '매우', '큰' 등 하나의 어휘에 주로 의존했다. 특히 2002년 교과서는 서술 분량이 줄어들면서 특정한 사건이나 인물을 부각시켜야 하는 경우에 이 방법을 많이 사용했다.

초기 교과서는 풍부한 어휘, 다양한 문장, 비유법 등을 사용한 평가적 표현이나 강조적 표현이 많다면 최근에는 저자가 잘 드러나지 않은 확신적 표현이 많다. 특히 2002년 교과서는 이런 표현들이 절반 이상을 차지했다.

평가적 표현은 최근에 감소하긴 했지만 역사 서술에서 여전히 중요한 부분을 차지했다. 과거 교과서는 논리적 근거 없이 평가적 표현을 사용하였다. 도요토미 히데요시를 '괴수', '효웅', '야심가', '망상가'로 보거나 '적은 무난히 쳐들어와', '맹랑한 수작을 걸어왔다'에서 '무난히', '맹랑한'은 정확한 근거 없는 평가적 표현이다. 이 표현은 어린 독자에게 부정적인 이미지를 심어줌으로써 역사이해를 방해할 수 있다. 또 이런 표현이 지나치게 많아지면 학생들은 자체적으로 역사적 판단을 하는 기회를 상실한다. 다행히 최근 교과서에서는 '임진왜란은 국내외에 많은 변화를 가져왔다. 국내적으로는~, 대외적으로는~'과 같이 사실에 바탕을 둔 표현이 많다.

〈임진왜란〉 단원의 추측적 표현은 '전쟁은 이렁저렁 여러 해를 끌더니 정유에 이르러는 일본이 이순신을 집어치우고', '명군에게 뇌물을 주고 빠져나가는 등'처럼, 정확한 기간을 제시하지 않고 '이러저러 여러 해를 끌었다.', '~등'이 사용되었다. 이는 저자가 정확한 사실을 알아보지 않거나 독자가 감정적으로 자극받도록 사용된 단순 추측성 표현이다. 추측적 표현은 저자의 생각을 단정적으로 서술하지 않고 역사적 사실을 보는 다양한 관점과 태도가 필요하다는 것을 학생들에게 알려주는 데 의의가 있다.

학생은 수사적 표현을 통해 저자와 의사소통을 한다. 수사적 표현을 보고 저자를 이해하기도 하고 저자와 이견을 가질 경우 비판적인 태도를 취하기도 한다.

지금까지 논의를 바탕으로 보면, 교과서의 수사적 표현은 대부분 어휘와 문장으로 이루어졌다. 초창기 교과서는 문장과 어휘가 수사적 표현을 만드는 데 큰 역할을 했지만 최근 교과서로 올수록 어휘에 많이 의존했다. 수사적 표현의 종류는 확신적 표현이 많아지고 평가적 표현은 줄었으며 강조적 표현은 일정하게 그 수를 유지했고 추측적 표현은 찾기 힘들었다.

4장

텍스트구조와 수사적 표현이 결합된 서술

1. 국사교과서 텍스트구조의 조건

교과서 서술이 응집성이 있으려면 상위구조와 하위구조가 긴밀하게 연결되어야 한다. 수집관계로만 이루어진 서술에 비교대조관계, 문제해결관계, 인과관계 등으로 변화를 줄 필요도 있다. 또 하위구조가 없는 상위구조의 수는 적당하게 줄여야 한다. 교과서 서술은 중심내용이 텍스트의 상위구조에 위치하여 학생들이 쉽게 인식하고 회상할 수 있어야 한다. 그러나 현재 교과서는 하위구조가 상위구조를 응집성 있게 뒷받침하지 못했다. 삼국과 남북국시대, 고려시대, 조선시대, 조선후기 공예를 다룬 단원에서 이와 같은 현상이 발견되었다. 상·하위구조의 응집성이 떨어지면 의미 전달이 명확하지 않아 학생들은 글을 읽으면서 이해가 되지 않는다고 불평할 수밖에 없다. 다른 분야에 비해 문화사 단원, 특히 문화사 마지막의 공예를 다룬 단원에서 이것저것 많은 내용을 넣으려다보니, 상·하위구조의 응집성이 흔들리는 경우가 많다.

예컨대, 다음 교과서 서술을 보자.

분청사기, 백자와 공예

궁중이나 관청에서는 금이나 은으로 만든 그릇 대신에 백자나 분청사기를 널리 사용하였다. 분청사기와 옹기그릇은 전국의 자기소와 도기소에서 만들어져 관수용이나 민수용으로 보급되었다. 특히, 경기도 광주의 사옹원 분원에서 생산하는 자기의 품질이 우수하였다.

분청사기는 청자에 백토의 분을 칠한 것으로, 백색의 분과 안료로써 무늬를 만들어 장식하였다. 이러한 분청사기는 안정된 그릇 모양과 소박하고 천진스러운 무늬가 어우러져 정형화되지 않으면서 구김살 없는 우리의 멋을 잘 나타내고 있다. 그러나 분청사기는 16세기부터 세련된 백자가 본격적으로 생산되면서 점차 그 생산이 줄어들었다.

조선의 백자는 고려 백자의 전통을 잇고 명나라 백자의 영향을 받아 이전보다 질적인 발전을 이루었다. 백자는 청자보다 깨끗하고 담백하며 순백의 고상함을 풍겨서 선비들의 취향과 어울렸기 때문에 널리 이용되었다.

장롱, 문갑 같은 목공예 분야와 돗자리공예 분야에서도 재료의 자연미를 그대로 살린 기품 있는 작품들이 생산되었다. 이 밖에, 쇠뿔을 쪼개어 무늬를 새긴 화각공예, 그리고 자개공예도 유명하며 수와 매듭에서도 부녀자들의 섬세하고 부드러운 정취를 살린 뛰어난 작품들이 있다.

이 글의 중심 주제는 분청사기와 백자에 관한 것이다. 분청사기 사용계층, 대표적인 생산지, 제작 방법, 특징, 백자의 등장 시기, 사용계층과 그 특징이 많은 부분을 차지한다. 화각공예, 자개공예, 수와 매듭공예는 단순히 공예의 종류로 나열되었다. 많은 내용을 나열하는 것보다 상위구조를 잘 뒷받침해주는 한두 개의 내용요소를 선정하여 상위구조를 응집력 있게 서술하는 것이 바람직하다. 즉 조선시대 자기공예를 상위구조로 하고 분청사기와 백자를 하위구조로 긴밀하게 연결한다.

한편, 교과서의 텍스트구조 유형은 일부를 제외하곤 거의 비슷하다. 수직적 의미관계 유형은 대부분 부가관계(상세화)가, 수평적 의미관계 유형은 수집관계가 대부분이다. 이런 엇비슷한 구조는 밋밋하고 건조한 인상을 주기 쉽다. 수집관계는 한 주제의 개념이나 생각을 모아 놓은 구조로, 의미관계가 그다지 긴밀하지 못하다.[1] 텍스트의미관계 유형과 학생들의 이해 능력을 분석한 최근 연구를 보면 문제해결관계, 인과관계, 비교대조관계에 비해 수집관계는 응집력이 약해 학생들의 회상능력이 많이 떨어진다.[2] 단원

---

1   이경화, 〈담화구조와 배경지식이 설명적 담화의 독해에 미치는 효과에 관한 연구〉, 한국교원대학교대학원 박사학위논문, 1999, 20~25쪽; 이경화, 《읽기 교육의 원리와 방법》, 박이정, 2004, 73~76쪽.

2   캐럴(P. L. Carrell)은 비교대조관계와 문제해결관계의 구성력이 수집관계보다 더 긴밀하다고 밝혔다. 그리고 맨들러(H. Stein Mandler)와 존슨(B. E. Johnson)은 구성력이 강한 비교대조관계, 문제해결관계, 인과관계가 수집관계보다 독해에서 우세하다고 밝혔다. 이경화는 담화구조와 독자의 배경지식의 상호작용을 연구한 논문에서 구성력이 강한 구조의 글(비교대조구조, 문제해결구조, 인과구조)이 느슨한 수집관계보다 언어 회상에서 우세하다고 했다. 이런 연구들은 수집관계가 텍스트를 읽고 회상하기에 쉽지 않다는 것을

을 구성할 때 하나의 텍스트구조 유형보다 단원의 내용을 잘 살려 줄 수 있는 유형을 고민해야 한다. 이 〈공예〉 단원은 비교대조관계를 이용하여 각 시기별 주요 예술작품의 차이점과 유사점을 부각하는 것이 의미를 살릴 수 있다. 시대적 상황과 연결하면 전반적인 역사적 흐름까지 알 수 있다. 그리고 당시 어떤 집단이 어떤 목적으로 예술품을 만들었으며 이를 통해 그들이 추구하려고 했던 것이 무엇인지까지 서술하면 학생들이 자기공예를 더 유기적으로 이해할 수 있다.[3]

일반적으로 교과서 서술은 역사적 사실의 공통점이 상위구조에, 공통점에 대한 개별 설명이 하위구조에 위치한다. 그런데 일부 소단원에는 여러 개의 상위요소가 존재했다. 〈분청사기, 백자와 공예〉도 분청사기와 백자, 목공예와 돗자리공예, 화각공예와 자개공예, 수와 매듭 네 개의 상위구조가 있다. 텍스트가 긴 경우는 상위구조가 여러 개라도 하위구조들이 상세하고 확실하게 뒷받침해준다면 상관없지만, 텍스트가 짧은 소단원은 신중하게 고려해야 한다. 특히, 여러 개의 상위구조가 긴밀하지 않으면 학생들은 상위구조의 공통요소들을 스스로 추출해야 한다. 교과서도 나열식이라는 비판을 피할 수 없다. 교과서 저자는 서술의 핵심이 무엇인지를 고려하여 상위구조 수를 줄여야 한다. 이 예문도 네 개를 아우를 수 있는 상위구조가 필요하다. "조선시대공예는 자연스러운 멋이 있다"나 "조선시대공예의 특징은 예술성과 실용성이다"가 적당하다.

보여준다.

3   전국역사교사모임, 《미술로 보는 우리역사》, 푸른나무, 1992, 169쪽.

2. 국사교과서에 적합한 수사적 표현

최근 메타담론을 이용한 수사적 표현이 많이 줄어들었다. 단순히 수사적 표현의 양적인 감소뿐만 아니라 한 문장 안에서 발견할 수 있는 메타담론들도 사라졌다.[4] 수사적 표현은 학생이 저자의 태도를 알아내어 글을 이해하는 데 도움이 된다. 그러므로 이를 어떻게 사용해야 하는지 논의할 필요가 있다.

먼저, 수사적 표현은 학생과 저자의 관계를 잘 형성하고 단원의 특징을 살려주어야 한다.

예로 추측적 표현은 〈II. 선사시대의 문화와 국가의 형성〉의 '도움글'에서 찾을 수 있다.[5]

4　수사적 표현 변화에 영향을 미치는 요인은 교육정책의 영향, 저자의 생각, 공동 집필 여부, 연구성과물의 반영 정도이다. 국정화 이후 국사교과서 서술에 국가가 개입하여 짜임새를 중시하면서 수사 장치가 정제되었다. 그리고 교과서 저자가 어떤 생각을 가지고 있는지도 수사적 표현에 영향을 미친다. 교과서가 객관적인 정보를 수록해야 한다고 생각하는 저자는 의도적으로 수사를 배제하려고 한다. 특히 공동 집필을 할 경우 서술 장치를 감춰야 서술의 일관성을 유지할 수 있기 때문에 수사적 표현을 배제한다. 마지막으로 연구성과가 축적될수록 교과서 서술과 수사적 표현이 변했다. 이해영, 〈메타담론으로 본 국사교과서 수사적 표현 변화〉, 《역사교육연구》 창간호, 2005, 62~70쪽.

5　이외에도 "위만 조선이 있었던 기원전 2세기경에 남쪽에는 진이 있었으며, 여기에서 마한, 변한, 진한의 삼한이 형성된 것으로 보인다. 이후, 기원전 1세기경에는 고구려 …… 이 시대를 고고학에서는 철기시대 후기라고도 한다"(37쪽).

"마한 목지국은 처음에 성환, 직산, 천안 지역을 중심으로 발달하였으나 백제의 성장과 지배 영역의 확대에 따라 …… 나주 부근에 자리 잡았을 것으로 추정된다. 왕을 칭하던 국가 단계의 목지국이 언제 망했는지 알 수 없으나 …… 6세기 초까지 존속하였던 것으로 보인다"(39쪽)와 같은 추측적 표현(고딕체, 필

유럽에서는 구석기시대에서 신석기시대로 넘어가는 과도기적인 단계를 중석기시대로 부르고 있다. 그러나 우리나라에서 중석기시대를 설정하는 것은 아직 문제로 남아 있다. 북한에서는 웅기 부포리와 평양 만달리 유적을 중석기 것으로 보고 있으며 남한에서는 통영 상노대도 조개 더미의 최하층, 거창 임불리와 홍천 하계리의 유적 등을 중석기시대의 유적으로 보는 사람도 있다(21쪽).

현재 제7차 교과서 본문은 추측적 표현이 거의 없으나 '도움글'처럼 저자가 말하고 싶은 바를 학생들에게 적절한 수사적 표현을 사용하여 보여줄 수 있다. 밑줄 친 표현은 저자가 학생들에게 중석기 설정 문제에 대한 여러 논의가 있다는 것을 알려준다.

둘째, 수사적 표현을 사용할 때 근거를 제시하지 않는 표현은 자제해야 한다. 초기(1946년, 1956년) 교과서는 수사적 표현이 다양해 흥미를 끌었지만 다분히 저자의 임의적인 해석이 들어갔다. 이런 표현은 학생들에게 역사적 사건에 대해 부정적인 인식을 심어줄 수 있다.

① 도쿠가와 씨의 시절에 가끔 조선으로부터 통신사를 보냈는데 이쪽 위풍의 장엄함과 저쪽 대우의 갸륵함은 여간이 아니었다. (1956년)
② 일본은 조선에서 활자 그림, 서적 등을 약탈해갔고 성리학자와 우수한 활자 인쇄공 및 도자기 기술자 등을 포로로 잡아가 일본의 성리학과 도자기문화가 발달할 수 있는 토대를 마련하였다.

자 표시)을 본문이 아닌, '도움글'에서 찾아볼 수 있다.

(2002년)

두 서술에는 임진왜란에 대한 저자의 해석과 평가가 들어 있다. 그러나 ②는 ①에 비해 감정적이지 않다. 저자는 자신의 개인적 신조보다 보편적이고 합리적인 합의를 바탕으로 글을 쓰는 것이 바람직하다.[6]

셋째, 교과서의 수사 장치는 주로 어휘와 문장이다. 수사 장치를 좀 더 다양화할 필요가 있다. 직접 인용이나 간접 인용을 이용해 당시 상황이나 인물의 심경을 가상적으로 표현할 수 있다. "덩샤오핑은 실용주의적 개혁가로, 정치적 순수성보다는 생산량 증가에 더 주력했다. 그는 '쥐를 잡을 때까지 나는 흑묘든 백묘든 상관하지 않겠다'고 선언했다"는 덩샤오핑의 말을 직접 인용해 개혁 의지를 보여준다.[7] 질문-대답형식이나 청유형 문장도 수사적 표현을 만들 수 있다. "왜 공산주의자들이 승리했을까? 그들의 승리에는 몇 가지 이유가 있다. 마오쩌둥은 ……"에서 질문은 저자가 하고 싶은 말, 즉 주제를 제기한 것이다. 특히 학생들은 '왜'나 '어떻게'와 같은 질문을 보고 호기심을 갖는다. 청유형도 저자가 직접 드러나는 수사 장치다. "중화인민공화국의 특징에 대해 알아보자"는 학생에게 전달하는 요지를 명확히 하고 서술에 동참하게 한다. "이 단원에서는 ~에 대해 알아보자", "우리는 이런 내용들을 배웠

---

6   차하순, 《새로 고쳐 쓴 역사의 본질과 인식》, 학연사, 2007, 270쪽.

7   Isabel L. Beck, Margaret G. McKeown and Jo Worthy, "Giving a Text Voice can Improve Students' Understanding," *Reading Research Quarterly* 30(2), 1995, pp. 224~225.

다"와 같이 주제를 미리 제시하거나 다시 제시하는 것도 저자의 의견을 재차 강조하는 것이다. "홍위병은 잃어버린 세대이다", "중화인민공화국은 붉은 중국이다"와 같이 비유법을 사용해 저자를 드러내기도 한다. 비유법은 저자의 사상과 감정을 독자에게 효과적으로 전달하기 위해 언어를 특정한 방식으로 부리어 쓰는 문장 표현 방법이다. 이는 상황마다 그 역할이 다른데 서술 분위기를 밝거나 어둡게, 기쁘거나 짜증나게, 당황스럽거나 지루하게 한다.[8] 따라서 비유적인 표현을 적절히 사용하면 저자의 견해를 잘 보여줄 수 있다.

저자가 수사 장치들을 어떻게 배치하느냐에 따라 수사적 표현이 결정된다. 예로 간접 인용을 이용하여 강조적 표현이나 추측적 표현을 만들 수도 있다.

① 요컨대, 조선시대공예의 특징은 '자연스러운 멋'이다.
② 어떤 이는 이 자기를 보고 '자연에서 빚어진 예술작품 같다'고 말했다.

①의 간접 인용은 강조적 표현을 만들고 ②의 간접 인용은 추측적 표현을 만들었다.

지금까지 논의를 바탕으로 네 가지 수사적 표현을 정리하면 다음과 같다.

첫째, 강조적 표현은 학생의 관심을 환기시키는 표현과 반복적

---

8   하인리히 F. 플렛, 양태중 옮김, 《수사학과 텍스트분석》, 동인, 2002, 164, 195쪽.

표현으로 저자의 생각을 강조한다.

"우리말의 음운 체계가 중국과 달라서 중국어를 기록하도록 마련된 한자로는 뜻이 통하지 않으므로 한자를 모르는 백성들이 하고자 하는 말을 글로 표현하려고 해도 끝내 자기 뜻을 표현하지 못하는 사람이 많다. 내가 이를 딱하게 여겨서 새로 스물여덟 글자를 만들었으니 사람마다 쉽게 익혀서 날마다 쓰기에 편안하게 되기를 바라는 바이다."《훈민정음 해례본》에 있는 이 말처럼, 세종은 쉽고 편안하게 적을 수 있는 한글을 창제하였다.

《훈민정음 해례본》을 직접 인용하여 '~사람마다 쉽게 익혀서 날마다 쓰기에 편안하게 되기를 바라는' 한글 창제 배경을 밝혔다. 저자는 한글 창제 배경을 직접 인용이라는 수사 장치를 이용하여 한 번 밝히고, 요약하여 다시 강조하였다.

고려시대와는 달리, 조선시대공예의 특징은 '예술성'이다. (중략) 이처럼, 구김살 없는 자연스러움을 살린 분청사기와 단아하고 튼튼한 백자는 조선시대공예의 예술성을 고스란히 담고 있다.

이 글은 조선시대공예의 특징을 예술성으로 보고 마지막에 다시 반복했다. 첫 번째 서술은 확신적 표현으로 볼 수 있지만 두 번째 서술은 저자의 생각을 재차 반복·강조한 강조적 표현으로 규정한다. 앞에 했던 말을 반복하거나 앞의 내용을 요약해주는 경우는 강조적 표현으로 분류한다.

둘째, 확신적 표현은 주제 미리 제시하기, 청유형, '~이어야 한다', '확실히' 등으로 표현되는 문장과 어휘, 여러 예시안 중 하나를 선택하는 제안 등으로 표현한다.

이 단원에서는 조선전기 그림과 조선중기 그림으로 조선시대 양반 사대부의 그림에 대한 취향을 알아보자.

이 문장은 저자의 확신이 들어간 확신적 표현으로 국사교과서에 흔히 보인다. 그러나 국사교과서는 많은 부분이 생략된 채 사건과 사건이 제대로 연결되지 않아 학생들은 서술이 나온 근거들을 스스로 추론해야 한다.

깎아 세운 듯이 둘러싼 층암절벽과 높고 낮은 언덕, 꽃이 만발한 복숭아나무, 꽃밭 속에 잠겨 있는 작은 초가집, 산기슭에 흐르는 물길을 따라 구불구불 돌아가는 좁은 오솔길, 맑은 시냇물 등의 풍경들을 대각선적 운동감을 활용하여 구현한 걸작이다.

이 서술은 안견의 〈몽유도원도〉를 걸작으로 본 근거들이 드러나 있다. 저자는 그림 속의 절벽, 언덕, 복숭아나무, 초가집, 좁은 오솔길, 시냇물의 모습을 해석했고 대각선 구도로 배치되어 운동감이 살아 있어 걸작이라고 확신했다.

셋째, 추측적 표현은 한 사건을 다른 관점에서 다룬 자료를 제시할 때 사용한다. 학생들은 글을 읽으면서 '교과서=절대적 지식'이라는 공식에서 벗어날 수 있고 다른 이의 의견과 비교할 수 있다.

이 그림을 두고 어떤 이는 중국의 무릉도원을 빌어 조선 양반의 성리학적 이상향을 표현했다고 하고, 어떤 이는 성리학적 통치 이념에 매였지만 그 곳에서 탈피하여 자유분방한 도가적인 세계를 추구하고 싶은 양반들의 모습이 보인다고도 한다.

이 서술은 〈몽유도원도〉를 보고 성리학적 이상향을 표현했다는 이와 도가적인 세계를 표현했다는 이의 평가를 함께 제시했다.

넷째, 평가적 표현은 저자가 역사적 사건이나 사실에 자기의 의견을 제시할 때 사용한다. 지금 교과서 서술은 평가적 표현과 확신적 표현이 잘 구분되지 않았다. 이에 '~한 듯하다', '~일지도 모른다'처럼 평가적 표현은 저자가 서술에 직접 드러나도록 제시할 것이다.

이정의 〈묵죽도〉에 보이는 대 그림은 섬세하게 뻗어 올라가는 대나무 잎의 날렵함과 세찬 바람에 꺾이는 댓잎의 끝 부분이 잘 묘사되어, 고결한 기품을 한껏 강조하면서도 꼿꼿한 기상을 느끼게 하는 엄숙함이 공존하는 듯하다.

저자는 〈묵죽도〉를 보고 '~한 듯하다'는 어미를 사용하여 조심스럽게 자신의 의견을 제시하였다. 학생들은 뻗어가는 잎과 바람에 꺾이는 잎을 보고 고결함과 엄숙함을 느낀 저자의 생각을 읽을 수 있다.

학생들은 〈몽유도원도〉에서 저자의 확고한 태도를, 〈묵죽도〉에서 저자의 조심스러운 의견을 읽을 수 있다. 저자가 직접 드러나지 않은 확신에 찬 서술은 학생들에게 믿음을 주고, 저자가 조심스럽게 드러난 서술은 같은 작품이지만 다른 해석이 가능하다는 사실을 알려준다.

3. 텍스트구조와 수사적 표현의 결합

수평적 의미관계 유형과 수사적 표현을 결합하고 수직적 의미관계 유형과 대표적 수사 장치의 공통요소를 추출하여 국사교과서 서술사례를 만들었다.

수평적 의미관계 유형과 수사적 표현은 서술을 비교대조할 것인지, 원인−결과로 할 것인지 등 서술의 큰 틀을 결정한다. 그리고 수직적 의미관계 유형과 수사 장치는 예를 들 것인지, 인용문을 사용할 것인지 등 세부적인 서술 방법을 알려준다. 특히, 수직적 의미관계 유형과 수사 장치는 상위 문장과 하위 문장의 연결방식을 결정하기 때문에 서술의 위계성에 영향을 끼친다.

먼저 수평적 의미관계 유형과 수사적 표현을 결합하면 **표 11**과 같다.

수집관계는 역사적 사건이나 사실의 공통 속성을 규정한 후 해당하는 사실을 일어난 순서대로 제시한다.[9] 역사적 사건은 시간 순서대로 서술할 때 시대적 흐름을 파악하기 쉬운데, 수집관계는 해당 사실을 순서대로 전개하는 구조이므로 이에 적절하다. 인과

---

9 김한종, 〈역사의 표현형식과 국사교과서 서술〉, 《역사교육》 76, 2000, 433쪽.

관계는 역사적 사건이나 사실 그리고 각종 제도가 왜 발생했는지를 서술할 때 이용한다. 역사적 사건의 원인을 파악하는 것은 역사 서술의 기본 특성이기에 교과서 서술에서 쉽게 찾을 수 있다. 인과관계는 원인-결과로 서술하나 결과-원인으로도 서술이 가능하다. 비교대조관계는 시대별이나 특징별로 역사적 사건이나 작품들을 비교하거나 대조할 때 사용한다. 이런 서술은 학생들이 대비되는 역사적 사실의 특성을 파악하는 데 도움을 준다. 같은 시기의 여러 국가나 사회를 비교하면 그 차이점이나 고유성을 강조하여 그 사회의 특성을 이해하기 쉽다.[10] 비교대조관계는 둘 이상의 화제를 여러 각도에서 비교대조할 수 있고, 하나의 화제를 여러 관점에서 사항별로 비교대조할 수도 있다. 문제해결관계는 문제를 제시하고 그 답을 찾아가는 과정으로 역사적 사건이나 사실, 그리고 작품들이 당대에 미친 영향을 서술하는 데 이용한다. 역사 서술에서 문제해결관계는 문제와 해결 관계이면서 동시에 인과관계 서술도 내포한다.

일반적으로 역사교과서 서술은 역사적 사건이나 사실의 원인과 전개과정을 알아본 후, 이들이 당대에 어떤 영향을 미쳤는지로 이루어진다. 그리고 각종 제도나 작품의 탄생 배경과 기능 그리고 작품의 의의로 서술되기도 한다. 어떤 부분에 더 중점을 두고 서술하느냐에 따라 수평적 의미관계 유형이 결정된다. 원인이나 이유를 밝히는 단원은 인과관계, 전개과정이나 기능을 중점적으로 서술할 때는 수집관계, 대상의 특징을 비교하려면 비교대조관계, 당대에

---

10 김한종, 위의 글, 433쪽.

표 11 수평적 의미관계 유형과 수사적 표현의 결합

유형	수평적 의미관계 유형 개념	수사적 표현	사용 방법
수렴 관계	• 역사적 사건이나 사실의 전개과정을 서술할 때 • 각종 제도와 작품들의 소개나 기능을 서술할 때	강조적 표현	• 역사적 사건의 전개과정을 반복이나 요약해서 강조할 때 • 각종 제도나 작품을 반복이나 요약해서 소개할 때
		확신적 표현	• 역사적 사건을 한 관점으로 서술하거나 확신 있게 서술할 때 • 각종 제도나 작품을 저자가 확신 있게 소개할 때
		주목적 표현	• 역사적 사건의 전개과정을 여러 가지 관점으로 서술할 때 • 각종 제도나 작품을 여러 가지 관점으로 소개할 때
		평가적 표현	• 역사적 사건이나 사실에 대한 저자의 의견이 조심스럽게 들어갈 때 • 각종 제도나 작품을 저자가 조심스럽게 소개할 때
인과 관계	• 역사적 사건의 발생 원인을 서술할 때 • 각종 제도나 작품들이 만들어진 이유를 서술할 때	강조적 표현	• 역사적 사건의 발생 원인을 반복이나 요약으로 강조할 때 • 각종 제도나 작품들이 만들어진 이유를 반복이나 요약하여 강조할 때
		확신적 표현	• 역사적 사건의 발생 원인을 저자가 확신에 차 제시하거나 하나의 관점으로 서술할 때 • 각종 제도나 작품들이 만들어진 이유를 저자가 확신에 차 제시하거나 하나의 관점으로 서술할 때
		주목적 표현	• 역사적 사건의 발생 원인을 여러 가지 관점으로 서술할 때 • 각종 제도와 작품들이 만들어진 이유를 여러 가지 관점으로 서술할 때
		평가적 표현	• 역사적 사건의 발생 원인을 저자가 조심스럽게 평가할 때 • 각종 제도나 작품들이 만들어진 이유를 저자가 조심스럽게 평가할 때

관계	서술 상황	수사적 표현	조건
비교대조관계	·역사적 사건이나 사실을 유형별로 비교하거나 대조할 때 ·각종 제도나 작품들을 비교하거나 대조할 때	강조적 표현	·역사적 사건을 비교대조할 때 반복이나 요어하여 강조할 경우 ·각종 제도나 작품들을 비교대조할 때 저자가 반복·요어으로 강조할 경우
		확신적 표현	·역사적 사건이나 사실을 비교대조할 때 저자가 한 관점으로 서술할 경우 ·각종 제도나 작품들을 비교대조할 때 한 관점으로 확신하게 서술할 경우
		추측적 표현	·역사적 사건이나 사실을 비교대조할 때 저자가 여러 가지 관점으로 서술할 경우 ·각종 제도나 작품들을 비교대조할 때 저자가 여러 가지 관점으로 서술할 경우
		평가적 표현	·역사적 사건이나 사실을 비교대조할 때 저자가 조심스럽게 논평할 경우 ·각종 제도나 작품들을 비교대조할 때 저자가 조심스럽게 논평할 경우
문제해결관계	·역사적 사건·사실이 당대에 미친 영향을 서술할 때 ·각종 제도나 작품들이 당대에 미친 영향을 서술할 때	강조적 표현	·역사적 사건이나 사실이 당대에 미친 영향을 반복이나 요어으로 강조할 경우 ·각종 제도나 작품들이 당대에 미친 영향에 반복·요어으로 강조할 경우
		확신적 표현	·역사적 사건이나 사실이 당대에 미친 영향을 저자가 확신 있게 서술할 경우 ·각종 제도나 작품들이 당대에 미친 영향을 저자가 하나의 관점으로 확신 있게 서술할 경우
		추측적 표현	·역사적 사건이나 사실이 당대에 미친 영향을 여러 가지 관점으로 서술할 경우 ·각종 제도나 작품들이 당대에 미친 영향을 여러 가지 관점으로 서술할 경우
		평가적 표현	·역사적 사건이나 사실이 당대에 미친 영향을 저자가 조심스럽게 평가할 경우 ·각종 제도나 작품들이 당대에 미친 영향을 저자가 조심스럽게 평가할 경우

미친 영향을 강조할 때는 문제해결관계를 사용한다.

일반적으로 수집, 인과, 비교대조, 문제해결관계 중 어떤 수평적 의미관계 유형을 선택할 것인가는 교육과정을 바탕으로 저자가 결정한다.

- 훈민정음이 창제될 수 있었던 사회문화적 배경과 훈민정음의 창제가 가지는 역사적 의의를 이해한다.

저자가 이 교육과정을 보고 훈민정음이 창제될 당시의 사회문화적 배경을 중요하게 생각한다면 인과관계로 서술할 것이다. 그리고 훈민정음의 역사적 의의를 강조하려면 문제해결관계를 이용할 수 있다. 훈민정음이 지니는 역사적 의의의 공통 속성을 규정하고 구체적인 내용을 서술할 때는 수집관계도 가능하다.

한편, 수직적 의미관계 유형과 수사 장치를 정리하면 **표 12**와 같다.

표 12 수직적 의미관계 유형과 수사 장치

	수직적 의미관계 유형	수사 장치
서술형식	비유, 예시, 문제 제시하기	어휘, 문장, 비유, 예시, 청유형, 직접 인용, 간접 인용, 질문-대답형식
서술내용	이유 제시, 근거 제시, 상세화, 요약하기, 결론 제시, 바꾸어 말하기	주제 미리 제시하기, 주제 다시 확인하기

수직적 의미관계 유형과 수사 장치는 서술형식과 내용으로 나뉜

다. 서술형식을 결정하는 요소는 교과서에서 많이 사용되는 어휘와 문장을 비롯해 공통요소로 비유와 예시가 있고 이 외에 질문-대답, 청유형, 직·간접 인용이 있다. 이들은 이유 제시, 근거 제시 등 서술내용을 만든다.

① 조선시대 양반 사대부들은 수신과 교양덕목으로 시서와 함께 그림을 중요하게 여겼다. ② 이 단원에서는 조선전기와 중기 그림으로 나눠 양반 사대부의 그림에 대한 취향을 알아보자.

③ 조선전기 안견은 안평대군이 꿈속에서 보았다는 무릉도원을 3일 만에 그렸는데 그 작품이 〈몽유도원도〉이다. ④ 깎아 세운 듯이 둘러싼 층암절벽과 높고 낮은 언덕, 꽃이 만발한 복숭아나무, 꽃밭 속에 잠겨 있는 작은 초가집, 산기슭에 흐르는 물길을 따라 구불구불 돌아가는 좁은 오솔길, 맑은 시냇물 등 풍경들을 대각선적 운동감을 활용하여 구현한 걸작이다. [그림 제시]

⑤ 이 그림을 두고 어떤 이는 중국의 무릉도원을 빌어 조선 양반의 성리학적 이상향을 표현했다고 하고, 어떤 이는 성리학적 통치 이념에 매었지만 그곳을 탈피하여 자유분방한 도가적인 세계를 추구하고 싶은 양반들의 모습이라고도 한다.

⑥ 조선중기에는 조선전기의 전통을 이어받아 다양한 화풍이 발달하였다. ⑦ 특히 사화와 붕당간의 경쟁 등 정치적 혼란을 경험한 양반들은 세속과 타협하지 않는 의리를 보여주는 그림을 그렸다. ⑧ 그리하여 양반 사대부들의 인품을 상징하는 대나무, 매화, 포도 등을 그린 그림이 유행하였다. ⑨ 대나무는 비바람에도 쉽게 꺾이지 않으며, 겨울에도 푸름을 잃지 않는 성질로 지조와 절개를 상징하고, 매

화는 겨울 추위에도 굴하지 않고 아름다운 꽃을 피워 어려움에도 뜻을 굽히지 않는 군자를 표현한다. ⑩ 그리고 포도의 줄기는 청렴함을, 굳센 마디는 강직함을, 부드러운 가지는 겸손함을, 그늘을 만드는 넓은 잎은 인자함을 상징하기 때문에 양반 사대부들이 즐기는 소재가 되었다.

⑪ [그림 제시] 이정의 〈묵죽도〉에 보이는 대 그림은 섬세하게 뻗어 올라가는 대나무 잎의 날렵함과 세찬 바람에 꺾이는 댓잎의 끝 부분이 잘 묘사되어 고결한 기품과 꿋꿋한 기상이 느껴지는 듯하다.

"② 이 단원에서는 조선전기와 중기 그림으로 나눠 조선시대 양반 사대부의 그림에 대한 취향을 알아보자."의 청유형, "⑤ 이 그림을 두고 어떤 이는 중국의 무릉도원을 빌어 조선 양반들의 성리학적 이상향을 표현했다고 하고, 어떤 이는 성리학적 통치 이념에 매였지만 그곳에서 탈피하여 자유분방한 도가적인 세계를 추구하고 싶은 양반들의 모습이라고도 한다"의 '어떤 이는 ~라고 하고, 어떤 이는 ~라고 하기도 한다'의 간접 인용, "⑩ 이정의 〈묵죽도〉에 보이는 대 그림은 섬세하게 뻗어 올라가는 대나무 잎의 날렵함과 세찬 바람에 꺾이는 댓잎의 끝 부분이 잘 묘사되어, 고결한 기품과 꿋꿋한 기상이 느껴지는 듯하다"의 예시는 형식적인 요소이다. 이들은 서술의 내용에 영향을 주어 ② 청유형은 주제를 미리 알게 하고 상위구조에 근거를 제시하며 간접 인용과 예시는 상위구조를 상세화한다.

텍스트구조를 정한 후 수사적 표현을 결정하는 데 네 가지 수사적 표현을 적절히 조합해서 텍스트에 자연스럽게 스며들도록 했다.

텍스트구조와 수사적 표현을 결합한 사례를 보면 **표 13**과 같다.

표 13 텍스트구조와 수사적 표현의 예시안

텍스트구조		수사 장치		주요 수사적 표현
		형식	내용	
중심 문장 (수준 1)	교육과정에 따른 저자의 의견 제시	어휘, 문장 직접 인용 간접 인용 등	의견 제시	확신적 표현
주제 미리 제시하기 (수준 2)	배울 단원 내용 제시	청유형 어휘, 문장 질문-대답형식 등	문제 제기 주제 미리 제시	확신적 표현
본격적인 서술 (수준 3)	수집관계	직접 인용 간접 인용 어휘, 문장 예시, 비유 질문-대답형식 등	상세화 이유 제시 근거 제시 분류하기 비교대조하기 해결방안 제시	평가적 표현 추측적 표현 확신적 표현 강조적 표현
	인과관계			
	비교대조관계			
	문제해결관계			
정리하기 (수준 4)	정리하기	어휘, 문장 등	주제 다시 제시	강조적 표현

수준 1은 최상위구조로 교육과정에서 말하는 내용을 담아 저자가 학생들에게 알리고자 하는 바를 확신적 표현으로 제시했다. 수준 2는 글의 전개방향을 '~하자'와 같은 청유형, '~은 어떨까?', '~은 무엇인가?'와 같은 질문으로 제시할 수 있다. 수준 3은 텍스트구조의 수평적 의미관계 유형에 따라 달라지는데, 수집관계는 상세화가 주로 사용되고 인과관계는 이유 제시나 근거 제시가, 비교대조관계의 경우 비교대조하기나 분류하기가, 그리고 문제해결관계일 경우 해결방안 제시하기 등이 이용된다. 수준 4는 정리하기로 앞에서 말한 주제를 반복하여 강조한다.

수준 1과 수준 2를 읽은 학생들은 단원의 중심 주제와 전개방향을 알게 되어 편안한 마음으로 글을 읽을 것이다. 수준 4에서는 중심 주제를 다시 보며 제대로 글을 읽었는지 확인할 수 있다. 그리고 수준 3의 수평적 의미관계 유형은 수준 1의 주제를 응집력 있게 뒷받침할 수 있다.

 텍스트서술구조의 위계성만 강조하면 학생들은 글의 내용을 일방적으로 수용할 것이다. 그러므로 수사적 표현을 적절히 가미하여 학생들이 역사적 사건이나 사실에 대해 생각해볼 기회를 주어야 한다.

5장

텍스트구조와 수사적 표현이
결합된 서술 사례

1. 수집관계

교육과정 "조선시대의 문화와 예술은 유교적 가치와 양반 지배층의 생활을 중심으로 발전하였음을 이해한다"에 맞게 조선시대 건축규정과 대표 건축물로 유교와 양반 생활 모습을 구성했다. 교과서 원문과 문장관계도를 **표 14**로 정리하였다.

원문은 "조선시대 궁궐, 관아, 성문, 학교 등이 건축의 중심이었다", "왕실의 비호를 받은 불교 건축이 있었다" 그리고 "16세기 서원 건축이 활발했다." 3개의 최상위구조가 수집관계를 이루었다. ① 조선시대는 궁궐, 관아, 성문, 학교 등이 대표 건축이라고 밝히고 ② 건축규정을 제시했다. ③ 경복궁, 창덕궁, 창경궁은 ① 궁궐

---

* 한 단원에 들어 있는 내용요소가 너무 많다는 점을 고려하여 한 단원은 교육과정 한 개를 대상으로 서술하고, 1개의 최상위구조에 구체적인 하위구조를 만들어 자세히 서술했다. 그리고 교과서의 단원은 9개에서 15개 문장 내외로 구성되었기 때문에 이 문장 수를 유지했다.

표 14 〈왕실과 양반의 건축〉 원문과 문장관계도

① 조선 초기에는 사원 위주의 고려 건축과는 달리 궁궐, 관아, 성문, 학교 등이 건축의 중심이 되었다. ② 이러한 건물은 건물주의 신분에 따라 크기와 장식에 일정한 제한을 두었는데, 그 목적은 국왕의 권위를 높이고 신분질서를 유지하는 데 있었다.

③ 건국 초기에 도성을 건설하고 경복궁을 지었으며 곧이어 창덕궁과 창경궁을 세웠다. ④ 지금까지 남아 있는 창경궁 명정전과 도성의 숭례문, 창덕궁 돈화문이 당시의 모습을 간직하고 있다. ⑤ 특히, 도성의 정문인 숭례문은 고려의 건축기법과는 다른 방식을 채택하여 발전된 조선전기의 건축을 대표하고 있다. ⑥ 반면에, 개성의 남대문과 평양의 보통문은 고려시대 건축의 단정하고 우아한 모습을 지니면서 조선시대 건축으로 발전해나가는 형태를 보이고 있다.

⑦ 왕실의 비호를 받은 불교와 관련된 건축 중에서도 뛰어난 것이 적지 않다. ⑧ 무위사 극락전은 검박하고 단정한 특징을 지니고 있으며, 팔만대장경을 보관하고 있는 해인사의 대장경판은 당시의 과학과 기술을 집약하고 있다. ⑨ 세조 때에 대리석으로 만든 원각사지 10층 석탑은 이 시기 석탑의 대표작이다.

⑩ 16세기에 들어와 사림의 진출과 함께 서원의 건축이 활발해졌다. ⑪ 서원은 산과 하천이 가까이 있어 자연의 이치를 탐구할 수 있는 마을 부근의 한적한 곳에 위치하였는데, 교육공간인 강당을 중심으로 사당과 기숙시설인 동재와 서재를 갖추었다. ⑫ 서원 건축은 가람배치양식과 주택양식이 실용적으로 결합된 독특한 아름다움을 지녔다.

⑬ 주위의 자연과 빼어난 조화를 이룬 대표적인 서원으로는 경주의 옥산서원과 안동의 도산서원이 있다.

의미관계 유형(수집관계)					수사적 표현
수준 1	①		⑦	⑩	①, ⑦, ⑩ 확신적 표현
수준2 상세화	②	③	⑧, ⑨	⑪ ⑬	②, ③, ⑧, ⑨, ⑪, ⑬ 확신적 표현
수준 3 상세화		④		⑫	④, ⑫ 확신적 표현
수준 4 상세화		⑤, ⑥			⑤ 강조적 표현 ⑥ 확신적 표현

건축의 종류이고 ④ 창경궁의 명정전, 숭례문, 돈화문은 ① 정전과 궁문의 종류이다. ⑤ 숭례문은 고려 건축과 다른 조선 건축으로 발전했고 ⑥ 개성의 남대문과 평양의 보통문은 고려 건축을 이어 조선 건축으로 발전했다고 서술했다.

⑦ 불교 건축은 ⑧ 무위사 극락전, 해인사의 대장경판과 ⑨ 원각사지 10층 석탑이 있다. ⑩ 서원 건축은 ⑪ 서원 구성요소와 ⑫ 건축양식, ⑬ 대표적인 서원에 대해 서술했다.

그러나 ① 조선시대 대표 건축과 ② 건축규정의 의미관계가 명확하지 않다. ③과 ④도 궁궐의 성문의 종류를 밝혔고 ⑤와 ⑥은 고려 건축과 조선 건축의 관계를 서술했지만 관계가 긴밀하지 않다. 불교 건축도 유교적 가치나 양반 지배층의 생활을 보여주는 교육과정과 관련이 없다. 16세기 대표 건축인 서원은 양반층의 생활을 보여주어야 하나 구체적으로 밝히지 못했다. 교육공간인 강당, 사당, 기숙시설인 동재와 서재의 건축구조로 양반들이 이곳에서 공부를 했고, 제사를 지냈으며 기숙생활을 했다는 사실을 학생들이 추론해야 했다. 이 단원을 읽은 학생들은 조선시대 건축이 유교적 가치나 양반 지배층의 생활과 연관되어 있다고 생각할 수 있을까?

수사적 표현은 대부분 확신적 표현을 사용했다. 간단한 어휘나 문장으로 강조적 표현을 만들었는데 "⑤ 특히, 도성의 정문인 숭례문은 ……"의 경우 '특히'가 강조적 표현을 만들었다. 이를 수정하여 **표 15**로 정리하였다.

수정문은 최상위구조 ❶에 대해 ❷ 건축규정과 ❺ 대표 건축물을 제시하여 앞으로 전개될 내용을 보여주었다. ❷ 조선 세종 때

표 15 〈왕실과 양반의 건축〉 수정문과 문장관계도

❶ 사원 중심이었던 고려시대와 달리, 조선시대 건축은 왕실과 양반 중심으로 이루어졌다. ❷ 다음은 조선시대 건축규정이다.
❸ "건축규정이 정해지지 않아 백성들의 집이 양반의 집과 비슷하고, 양반의 집은 궁궐과 같아 사치스럽고 화려해 상하 높낮이가 없다. 이제부터 대군은 60칸으로 하고 왕자와 공주는 50칸으로 하며 2품 이상은 40칸, 3품 이하는 30칸, 일반 백성은 10칸을 넘지 못하게 하라(《세종실록》 51권, 13년)."
❹ 이 규정은 왕실의 권위를 높이고 지배층 위주의 신분질서를 유지하기 위한 것으로 보인다.
❺ 한편, 조선 초기와 중기의 건축물에서도 왕실과 양반 중심의 건축 취향을 찾을 수 있다.
❻ 조선초기에는 새로운 나라를 세우고 도읍을 옮겼기 때문에 궁궐을 많이 지었다. ❼ 특히, 경복궁 근정전은 조선왕조의 통치 행위가 이루어진 중심 건물이다. ❽ 이 건물의 돌난간 기둥 위에는 방위를 맞추어 사신과 십이지 조각을 새겼고 천장에는 왕을 상징하는 칠조룡을 그렸다. ❾ 당시 궁궐은 왕의 권위와 위엄을 살리기 위해 장식했다고 추측할 수 있다.
❿ 16세기에 사림들은 사회적 위상을 높이기 위해 서원을 활발하게 세웠다. ⓫ 그들은 주로 산과 하천을 끼고 있는 한적한 곳에 서원을 세웠는데, 안동의 도산서원이 대표적이다. ⓬ 이곳에서 사림들은 선현에게 제사를 지내고 학문을 연구하였다.

의미관계 유형(수집관계)			수사적 표현
수준 1	❶		❶ 확신적 표현
수준2 근거 제시	❷	❺	❷, ❺ 확신적 표현
수준 3 상세화	❸ ❻ ❿		❸ 강조적 표현 ❻, ❿ 확신적 표현
수준 4 상세화	❹ ❼ ⓫, ⓬		❹ 평가적 표현 ❼, ⓫, ⓬ 확신적 표현
수준 5 상세화	❽		❽ 확신적 표현
수준 6 상세화	❾		❾ 평가적 표현

의 건축규정과 ❺ 궁궐, 서원 건축으로 지배층 위주의 건축물을 소개했다. ❻~❾는 여러 장치를 근거로 위엄을 살린 궁궐의 모습을, ❿~⓬는 서원의 역할을 서술하여 왕실과 양반 중심의 건축물을 보여주었다. 원문에서 병렬적으로 소개했던 여러 종류의 성문, 궁궐 중 왕실의 모습을 살려줄 건축으로 경복궁 근정전을 선택했다. 단원의 제목이나 교육과정과 다소 거리가 있는 불교 건축은 제외하였다.

구체적으로 텍스트구조와 수사적 표현을 보자.

❶ 사원 중심이었던 고려시대와 달리, 조선시대 건축은 왕실과 양반 중심으로 이루어졌다.

왕실과 양반 중심으로 조선시대 건축물을 만들었다는 교육과정을 중심 문장으로 제시했다. 학생들은 한 눈에 이 단원에서 말하고자 하는 바를 알 수 있다.

❷ 다음은 조선시대 건축규정이다.
❺ 한편, 조선 초기와 중기의 건축물에서도 왕실과 양반 중심의 건축 취향을 찾을 수 있다.

❷, ❺는 앞으로 전개될 서술방향을 보여주며 ❶의 근거가 되었다. 학생들은 다음 내용이 건축규정, 조선 초기와 중기의 건축물이라는 것을 자연스럽게 알 수 있다.

❸ "건축규정이 정해지지 않아 백성들의 집이 양반의 집과 비슷하고, 양반의 집은 궁궐과 같아 사치스럽고 화려해 상하 높낮이가 없다. 이제부터 대군은 60칸으로 하고 왕자와 공주는 50칸으로 하며 2품 이상은 40칸, 3품 이하는 30칸, 일반 백성은 10칸을 넘지 못하게 하라(《세종실록》 51권, 13년)."

❻ 조선초기에는 새로운 나라를 세우고 도읍을 옮겼기 때문에 궁궐을 많이 지었다.

❿ 16세기에 사림들은 사회적 위상을 높이기 위해 서원을 활발하게 세웠다.

❸, ❻, ❿은 조선시대 건축규정, 조선초기의 궁궐, 조선중기 서원을 사례로 들어 ❷와 ❺를 상세하게 서술했다. ❸은 건축규정을 직접 인용했으며 ❻은 왕실의 위엄을 살린 궁궐을 지은 이유를 확신적 표현으로 서술했다. ❿도 16세기 사림이 서원을 세운 이유를 밝혔다.

❹ 이 규정은 왕실의 권위를 높이고 지배층 위주의 신분질서를 유지하기 위한 것으로 보인다.

❼ 특히, 경복궁 근정전은 조선왕조의 통치 행위가 이루어진 중심 건물이다.

❽ 이 건물의 돌난간 기둥 위에는 방위를 맞추어 사신과 십이지조각을 새겼고 천장에는 왕을 상징하는 칠조룡을 그렸다.

❾ 당시 궁궐은 왕의 권위와 위엄을 살리기 위해 장식했다고 추측할 수 있다.

저자는 ❸의 건축규정 사료를 보고 ❹ 왕실의 권위와 지배층 중심의 신분질서를 유지하기 위한 건축규정을 만들었다고 해석하였다. ❼~❾는 조선초기 궁궐 중 근정전을 선택하여 ❻ 궁궐을 상세하게 뒷받침했다. 특히, ❼은 여러 건축 중 근정전을 고른 저자의 확신이 들어가 있고 ❾는 경복궁 근정전의 장식은 왕의 위엄을 살리기 위해 만들었다는 저자의 추측이 들어가 있다.

> ⓫ 그들은 주로 산과 하천을 끼고 있는 한적한 곳에 서원을 세웠는데, 안동의 도산서원이 대표적이다.
> ⓬ 이곳에서 사림들은 선현에게 제사를 지내고 학문을 연구하였다.

⓫, ⓬는 서원의 위치와 서원의 역할을 밝혀, 서원이 16세기 양반들의 사회적 위상을 높였다는 내용인 ❿을 상세하게 뒷받침했다.

한편, 중심 주제와 전개방향은 확신적 표현으로 제시했다. 건축규정에 대한 저자의 해석을 강조하기 위해 사료를 인용하여 강조적 표현도 사용하였다. 저자는 사료를 이용해 간접적으로 자신의 의견을 보인 것이다. 또 "건축물을 이렇게 해석할 수 있다"는 평가적 표현을 사용하여 학생들이 저자의 의견을 판단하도록 유도하였다.

2. 인과관계

인과관계는 "관학파의 학풍이 성리학의 지배 이념을 내세우면서도 민족문화를 포용하면서 과학과 기술학을 존중하게 되었던 시대적 배경을 파악한다"에 따라 〈천문학, 역법과 의학〉 단원을 재구성하였다. 글은 조선시대에 과학과 기술학이 존중되었던 시대적 배경에 초점을 두었다. 교과서 원래 서술과 문장관계도를 **표 16**으로 정리하였다.

원문은 ① 다른 시기에 비해 조선시대 과학기술이 발달한 이유를 ② 집권층의 인식, ③ 국가적 지원, ④ 서역과 중국 기술의 수용 때문이라고 하였다. 그리고 ⑤는 과학기술 중 천문학과 농업 관련 기구들을 서술했다. ⑥은 천체 관측 기구와 시간 측정 기구를, ⑦은 시간 측정 기구 중 자격루를, ⑧은 측우기와 토지 측량 기구를 서술하여 ⑤의 서술을 뒷받침했다. 이들은 모두 수집관계를 형성하며 각종 기구를 단순히 나열하였다. ⑨는 조선 초기 천문도가 있다고 서술하고 ⑩ 태조 때와 ⑪ 세종 때 제작되었다고 소개했다. ⑫는 역법이 발달했다는 것을 ⑬ 칠정산으로 서술하고 ⑭ 칠정산이 갖는 역사적 의의를 밝혔다. 그리고 ⑮ 의학서를 소개하고 ⑯ 조선 의학의 의의를 서술하였다. 이 단원은 조선시대 과학기술의 발달 배경, 천문학·농업 관련 기구, 천문도, 의학서 등 나열식 수집관계가 형성되었다.

수사적 표현은 확신적 표현이 절반 이상을 차지한다. 이 외에 강조적 표현과 평가적 표현이 있다. 강조적 표현은 ① '특기할 정도로', ⑤ '특히', ③ '크게'와 같은 어휘로 나타났다. ⑭, ⑯의 '~로 평가되고 있다'나 '이로써 ~민족 의학이 더욱 발전할 수 있었다' 등은 평가적 표현이다. 이를 수정하면 **표 17**과 같이 정리할 수 있다.

수정문은 과학과 기술학이 존중되었던 시대적 배경에 초점을 두

표 16 〈천문학, 역법과 의학〉 원문과 문장관계도

① 조선 초 세종 때를 전후한 이 시기의 과학기술은 우리나라 역사상 특기할 정도로 뛰어났다. ② 당시의 집권층은 부국강병과 민생 안정을 위하여 과학기술이 중요하다고 인식하였다. ③ 이러한 여건 속에서 과학기술은 국가적 지원을 받아 크게 발전하였다. ④ 이와 아울러 우리나라의 전통적 문화를 계승하면서 서역과 중국의 과학기술을 수용하여 훌륭한 업적을 남겼다. ⑤ 특히, 천문학, 농업과 관련된 각종 기구를 발명, 제작하였다. ⑥ 천체 관측기구로 혼의와 간의를 제작하고 시간 측정기구로 물시계인 자격루와 해시계인 앙부일구 등을 만들었다. ⑦ 자격루는 노비 출신의 과학기술자인 장영실이 제작한 것으로, 정밀 기계 장치와 자동 시보 장치를 갖춘 뛰어난 물시계였다. ⑧ 세계 최초로 측우기를 만들어 전국 각지의 강우량을 측정하였고 토지 측량기구인 인지의와 규형을 제작하여 토지 측량과 지도 제작에 활용하였다. ⑨ 조선은 건국 초기부터 천문도를 만들었다. ⑩ 태조 때에는 고구려의 천문도를 바탕으로 천상열차분야지도를 돌에 새겼다. ⑪ 세종 때에도 새로운 천문도를 만들었는데 이것은 현재 남아 있지 않다. ⑫ 천문학의 발달과 함께 새로운 역법이 마련되었다. ⑬ 세종 때에 만든 칠정산은 중국의 수시력과 아라비아의 회회력을 참고로 하여 만든 역법서로 우리나라 역사상 최초로 서울을 기준으로 천체운동을 정확하게 계산한 것이다. ⑭ 이는 15세기 세계 과학의 첨단수준에 해당한 것으로 평가되고 있다. ⑮ 의학에서도 우리 풍토에 알맞은 약재와 치료방법을 개발, 정리하여 한약집성방을 편찬하고 《의방유취》라는 의학백과 사전을 간행하였다. ⑯ 이로써 15세기에는 조선 의약학의 자주적 체계가 마련되어 민족 의학이 더욱 발전할 수 있었다.

의미관계 유형(수집관계)							수사적 표현
수준 1	①						① 강조적 표현
수준2 근거 제시	②	④	⑤			⑮	⑤ 강조적 표현 ②, ④, ⑮ 확신적 표현
수준 3 상세화	③		⑥	⑧	⑨	⑫ ⑯	⑯ 평가적 표현 ③ 강조적 표현 ⑥, ⑧, ⑨, ⑫ 확신적 표현
수준 4 상세화			⑦		⑩, ⑪	⑬	⑦, ⑩, ⑪, ⑬ 확신적 표현
수준 5 상세화						⑭	⑭ 평가적 표현

표 17 〈천문학, 역법과 의학〉 수정문과 문장관계도

❶ 조선 초 세종 때를 전후로 과학과 기술학은 주목할 정도로 발전하였다. ❷ 당시 집권층이 유교적 지배 이념을 확립하기 위해 과학기술을 지원했기 때문이다. ❸ 유교사회에서 왕이 하늘의 이치를 알아내는 일은 매우 중요했다. ❹ 그래서 간의, 혼의, 해시계의 천문기상 관련 기구와 칠정산과 같은 역법이 발달하였다

❺ 국가가 중국과 다른 조선의 문화를 발전시키기 위해 과학기술을 지원하기도 했다. ❻ 정초가 만든 《농사직설》의 서문을 보면 이를 알 수 있다. ❼ "…… 나라마다 풍토가 같지 않으므로 곡식을 심고 가꾸는 법도 다르다. 그러므로 옛 농서들을 그대로 사용할 수 없다. 여러 도의 수령들이 농민들을 찾아가 농토에 효과가 좋은 방법들을 듣고 나라에 보고하니 이를 《농사직설》로 엮었다 ……"에서 보듯이, 조선은 조선의 풍토에 맞는 농사법을 취하였다.

❽ 어떤 이는 조선의 과학기술은 농민을 위해 발전했다고 말하기도 한다. ❾ 이에 《농사직설》이라는 농서와 인지의, 규형과 같은 토지 측량 기구, 측우기라는 강수량 측정 기구를 제작했다.

❿ 이처럼 조선 초 과학기술은 새로운 나라를 통치하고 백성들의 생활을 이롭게 하기 위해 발전했다.

의미관계 유형(수집관계)			수사적 표현
수준 1	❶		❶ 강조적 표현
수준2 근거 제시	❷	❺	❽	❽ 추측적 표현 ❷, ❺ 확신적 표현
수준 3 상세화	❸	❻	❾	❸, ❻, ❾ 확신적 표현
수준 4 상세화	❹	❼		❹, ❼ 강조적 표현
수준 5 요약 정리	❿			❿ 확신적 표현

었다. 최상위구조 ❶ 조선 초 다방면에 걸쳐 과학과 기술학이 발전한 이유는 ❷ 유교적 지배 이념을 확립하기 위해, ❺ 독자적인 조

선을 건설하기 위해, 그리고 ❽ 애민정신 때문이라고 서술한 후, 이를 ❿에서 요약하였다.

국가는 ❷ 유교적 질서 이념을 확립하기 위해 ❸ 하늘의 법칙성을 파악해야 했으며 ❹ 그 결과 천문 관련 기구와 역법을 발전시켰다. ❺ 중국과 다른 독자적 조선을 세우기 위해 과학기술을 발전시키기도 했는데 ❻《농사직설》이 그 예이다. ❽ 백성을 사랑하는 애민정신 때문에 측우기, 인지의와 규형,《농사직설》과 같은 과학기술도 발전시켰다.

구체적으로 보면 다음과 같다.

❶ 조선 초 세종 때를 전후로 과학과 기술학은 주목할 정도로 발전하였다.

❶은 인과관계 중, 원인-결과방식이 아닌 결과-원인방식을 채택하여 조선시대 과학과 기술학이 크게 발전했다는 결과를 먼저 제시했다.

❷ 당시 집권층이 유교적 지배 이념을 확립하기 위해 과학기술을 지원했기 때문이다.

❺ 국가가 중국과 다른 조선의 문화를 발전시키기 위해 과학기술을 지원하기도 했다.

❽ 어떤 이는 조선의 과학기술은 농민을 위해 발전했다고 말하기도 한다.

❷, ❺, ❽은 ❶의 이유를 제시했다. 과학기술이 발달한 이유를 유교적 지배 이념 확립, 독자적인 조선의 문화 발전, 농민을 위한 애민정신으로 나누어 서술했다. ❽은 '어떤 이는 ~했다고 말하기도 한다'는 문장으로 누군가의 말을 간접적으로 전하는 추측적 표현이다.

❸ 유교사회에서 왕이 하늘의 이치를 알아내는 일은 매우 중요했다.

❻ 정초가 만든 《농사직설》의 서문을 보면 이를 알 수 있다.

❾ 그래서 《농사직설》이라는 농서와 인지의, 규형과 같은 토지 측량 기구, 측우기라는 강수량 측정 기구를 제작했다.

유교적 지배 이념을 확립하기 위해서는 ❸처럼 하늘의 위치를 파악해야 했다는 근거를 들고 중국과 다른 조선의 문화를 발전시켰다는 근거로 ❻《농사직설》의 서문을 들었다. 그리고 농민을 위해 발전시킨 과학기술로 ❾《농사직설》, 인지의, 규형, 측우기를 들었다.

❹ 그래서 간의, 혼의, 해시계, 물시계, 등 천문기상 관련 기구와 칠정산과 같은 역법이 발달하였다

❼ "…… 나라마다 풍토가 같지 않으므로 곡식을 심고 가꾸는 법도 다르다. 그러므로 옛 농서들을 그대로 사용할 수 없다. 여러 도의 수령들이 농민들을 찾아가 농토에 효과가 좋은 방법들을 듣고 나라에 보고하니 이를 《농사직설》로 엮었다 ……"에서 보듯이, 조선은 조선의 풍토에 맞는 농사법을 취하였다.

❹는 하늘의 이치를 알아내는 기구들이다. ❼은 《농사직설》 서문 "나라마다 풍토가 같지 않으므로 곡식을 심고 가꾸는 법도 다르다"고 하여 독자적인 과학기술이 발달한 근거를 상세하게 보여준다. 또 ❼은 사료를 인용한 후 요약하는 강조적 표현을 사용했다.

    ❿ 이처럼 조선 초 과학기술은 새로운 나라를 통치하고 백성들의 생활을 이롭게 하기 위해 발전했다.

수준 5 ❿ 조선시대 과학기술이 발전한 이유는 유교적 지배 이념 확립, 독자적인 문화 발전과 같은 새로운 나라를 통치하기 위한 방편이기 때문이고 백성의 생활에 편의를 주기 위해서라고 반복했다.

3. 비교대조관계

이 단원은 "조선시대의 공예와 건축은 고려시대와 달리 서민적이고 실용적인 특성을 지니면서 발달하였음을 이해한다"에 분청사기와 백자로 대표되는 자기공예를 비교대조관계로 서술했다. 교과서 원문과 문장관계도를 **표 18**로 정리하였다.

이 단원의 교육과정은 "조선시대의 공예와 건축은 고려시대와 달리 서민적이고 실용적인 특성을 지니면서 발달하였음을 이해한다"이다. 그러나 이를 반영한 내용요소는 없다. 자기공예, 목공예, 돗자리공예, 화각공예, 자개공예, 수와 매듭 부분 등 그 어떤 서술

표 18 〈분청사기, 백자와 공예〉 원문과 문장관계도

① 궁중이나 관청에서는 금이나 은으로 만든 그릇 대신에 백자나 분청사기를 널리 사용하였다. ② 분청사기와 옹기그릇은 전국의 자기소와 도기소에서 만들어져 관수용이나 민수용으로 보급되었다.
③ 고려 말에 나타난 분청사기는 청자에 백토의 분을 칠한 것으로, 안정된 그릇 모양과 소박하고 천진스러운 무늬가 어우러져 정형화되지 않으면서 구김살 없는 우리의 멋을 잘 나타내고 있다. ④ 그러나 분청사기는 16세기부터 세련된 백자가 본격적으로 생산되면서 점차 그 생산이 줄어들었다.
⑤ 조선의 백자는 청자보다 깨끗하고 담백하며 순백의 고상함을 풍겨서 선비들의 취향과 어울렸기 때문에 널리 이용되었다.
⑥ 장롱, 문갑 같은 목공예 분야와 돗자리공예 분야에서도 재료의 자연미를 그대로 살린 기품 있는 작품들이 생산되었다. ⑦ 이 밖에, 쇠뿔을 쪼개어 무늬를 새긴 화각공예, 그리고 자개공예도 유명하다. ⑧ 수와 매듭에서도 부녀자들의 섬세하고 부드러운 정취를 살린 뛰어난 작품들이 있다.

	의미관계 유형(수집관계)				수사적 표현
수준 1	①		⑥	⑦	⑧	⑧ 평가적 표현 ①, ⑥, ⑦ 확신적 표현
수준 2 상세화	②, ③, ④	⑤				③, ⑤ 평가적 표현 ②, ④ 확신적 표현

에서도 서민적이고 실용적인 모습을 찾을 수 없다.

텍스트구조로 보면, 수준 1의 자기공예, 목공예와 돗자리공예, 화각공예와 자개공예, 그리고 수와 매듭을 하나로 이어줄 공통적인 최상위요소가 없다. 학생들이 네 개의 최상위구조를 보고 중심주제를 추론하기에는 어려움이 많다.

대표적인 수사적 표현은 분청사기, 백자, 그 외 공예 작품을 평가하는 표현이 사용되었다. ③ 안정된 그릇 모양, 소박하고 천진스러운 무늬, 구김살 없는 우리 멋 등의 서술과 ⑤ 백자를 두고 깨

꿋하고 고상하여 선비 취향과 잘 어울린다는 서술, ⑧ 수와 매듭이 섬세하고 부드러운 정취를 살린다는 서술에 저자의 평가가 보였다. 이외는 대부분 확신적 표현을 사용하였다. 이를 수정하여 **표19**로 정리하였다.

표 19 〈분청사기, 백자와 공예〉 수정문과 문장관계도

> ❶ 조선시대공예는 실용성과 예술성이 잘 반영되었다. ❷ 자기공예를 중심으로 이런 조선시대공예의 특징을 알아보자.
> ❸ 분청사기는 고려 말 조선 초를 대표하는 자기로, 국가와 관청에서 많이 사용하였다. ❹ 고려 말 왜구의 침입으로 해안가에 있던 가마가 문을 닫자 많은 도공들이 내륙으로 이동했다. ❺ 이들은 각 지방 세력의 지원을 받아 자기를 생산했는데, 이 때문에 지방마다 자기의 모양과 무늬가 다른 것 같다.
> ❻ 옆에 보이는 분청사기는 물고기 배가 위로 올라와 있고 문양이 거칠어 '구김살 없는 자유스러움'이 넘친다는 평가를 받는다. [그림 제시]
> ❼ 한편, 백자는 이전에도 존재했으나 16세기 이후부터 본격적으로 발달했다. ❽ 순백의 아름다움과 재질의 튼튼함 때문에 중기 이후 양반들이 널리 애용하였다.
> ❾ 옆의 자기를 보고 어떤 이는 '항아리는 사람이 만들었으나 자연이 빚어낸 것 같다'고 표현하였다. [그림 제시]

	의미관계 유형(수집관계)							수사적 표현
수준 1	❶							❶ 확신적 표현
수준 2 상세화	❷							❷ 확신적 표현
수준 3 비교하기	❸, ❼	수준 3 비교하기	❸	❽	수준 3 비교하기	❻	❾	❸, ❼, ❽ 확신적 표현 ❻, ❾ 추측적 표현
수준 4 상세화	❹							❹ 확신적 표현
수준 5 결과 제시	❺							❺ 평가적 표현

❶ 조선시대공예의 특징은 실용성과 예술성인데, ❷ 여러 공예 중 자기공예를 중심으로 조선시대공예의 특징을 서술했다. ❸과 ❼은 분청사기가 고려 말·조선 초에 제작되었고 백자는 조선중기에 본격적으로 발달했다는 제작 시기와 제작 배경이 들어갔다. ❸과 ❽은 분청사기와 백자의 수요층이 각각 관청과 양반임을 서술했다. 분청사기는 관청에서 많이 사용하였고, 백자는 조직이 치밀한 경질로 분청사기보다 튼튼하여 양반들이 좋아했다. ❻과 ❾는 분청사기와 백자의 특징을 소탈하고 인위적인 흔적이 없는 자연스러움으로 표현하여 공예의 예술성을 보여주었다.

❶ 조선시대공예는 실용성과 예술성이 잘 반영되었다.

❷ 자기공예를 중심으로 이런 조선시대공예의 특징을 알아보자.

❶은 확신적 표현을 사용하여 조선공예의 특징을 실용성과 예술성으로 밝혔다. ❷는 분청사기와 백자를 중심으로 조선시대공예의 특징을 살피겠다는 저자의 의도를 보여 학생들이 앞으로 전개될 내용을 미리 알 수 있다.

❸ 분청사기는 고려 말 조선 초를 대표하는 자기로, 국가와 관청에서 많이 사용하였다.

❼ 한편, 백자는 이전에도 존재했으나 16세기 이후부터 본격적으로 발달했다.

❸은 분청사기가 고려 말 조선 초에 등장했다는 것을, ❼은 백자

가 16세기부터 본격적으로 발달했다는 것을 보임으로써 등장 시기를 알려주었다.

❸ 분청사기는 고려 말 조선 초를 대표하는 자기로, 국가와 관청에서 많이 사용하였다.

❽ 순백의 아름다움과 재질의 튼튼함 때문에 중기 이후 양반들이 널리 애용하였다.

❸은 국가와 관청이, ❽은 양반들이 각 도자기의 대표적인 수요층이라는 것을 보여주었다. 특히, 백자의 튼튼한 재질은 양반들이 백자를 선호하는 이유가 자기의 실용성 때문이라는 것을 말하였다.

❻ 옆에 보이는 분청사기는 물고기 배가 위로 올라와 있고 문양이 거칠어 '구김살 없는 자유스러움'이 넘친다는 평가를 받는다.

❾ 옆의 자기를 보고 어떤 이는 '항아리는 사람이 만들었으나 초가지붕에 열린 박처럼 자연에서 빚져 나온 것 같다'고 표현하였다.

분청사기는 거칠고 구김살이 없는 자유스러움이 넘치고 백자는 인위적이지 않는 자연스러움이 넘친다고 평가하여 자기의 예술적인 특징을 밝혔다.

❹ 고려 말 왜구의 침입으로 해안가에 있던 가마가 문을 닫자 많은 도공들이 내륙으로 이동했다.

❺ 이들은 각 지방 세력의 지원을 받아 자기를 생산했는데, 이 때문에 지방마다 자기의 모양과 무늬가 다른 것 같다.

❹와 ❺는 분청사기의 탄생 배경을 설명하여 분청사기 모양과 무늬가 다른 이유를 알려주었다.

한편, 평가적 표현과 확신적 표현으로 이루어진 원문을 보완해 추측적 표현과 평가적 표현을 적절히 사용했다. 이들 표현은 학생들에게 분청사기와 백자에 대한 평가가 다양하다는 것을 알려주었고 '과연 그럴까?'라는 의심을 주어 교과서 서술과 자신의 생각을 비교할 수 있는 기회를 주었다.

4. 문제해결관계

이 단원은 "훈민정음이 창제될 수 있었던 사회문화적 배경과 훈민정음의 창제가 가지는 역사적 의의를 이해한다"에서 훈민정음이 가지는 역사적 의의에 중점을 두되, 사회문화적 배경도 포함하여 문제해결관계로 구성했다. 문제해결관계는 전제와 반응, 질문과 대답 형태로 나타난다. 인과관계와 서술 모습이 유사하지만 인과관계가 순차적으로 이유를 제시한다면, 이 관계는 해결을 먼저 제시하여 더 강조하고 싶은 것, 즉 한글 창제가 끼친 영향에 더 초점을 둘 수 있다. 교과서 원문과 문장관계도를 **표 20**으로 제시하였다.

"훈민정음이 창제될 수 있었던 사회문화적 배경과 훈민정음의

표 20 〈한글 창제〉 원문과 문장관계도

① 우리나라는 일찍부터 한자를 써오면서 이두나 향찰을 사용하였다. ② 그러나 고유문자가 없어서 우리말을 자유롭게 표현할 수 없었기 때문에, 일상적으로 쓰는 말에 맞으면서도 누구나 배우기 쉽고 쓰기 좋은 우리의 문자가 필요하였다. ③ 더욱이, 조선 한자음의 혼란을 줄이고 피지배층을 도덕적으로 교화시켜 양반 중심 사회를 원활하게 유지하기 위해서도 우리 문자의 창제가 요청되었다.

④ 이에, 세종은 훈민정음을 창제하여 반포하였다(1446년). ⑤ 한글은 누구나 쉽게 배우고 쓸 수 있으며, 자기의 의사를 마음대로 표현할 수 있을 뿐만 아니라 글자를 만드는 원리가 매우 과학적인 뛰어난 문자이다.

⑥ 조선 정부는 한글을 보급시키기 위하여 왕실 조상의 덕을 찬양하는 《용비어천가》, 부처님의 덕을 기리는 《월인천강지곡》 등을 지어 한글로 간행하였다. ⑦ 또 불경, 농서, 윤리서, 병서 등을 한글로 번역하거나 편찬하였다. ⑧ 그리고 서리들이 한글을 배워 행정 실무에 이용할 수 있도록 그들의 채용에 훈민정음을 시험으로 치르게 하기도 하였다.

⑨ 민족문화를 보존하고 발전시키는 가장 좋은 도구 중의 하나는 자기 민족의 고유한 문자이다.

⑩ 우리 민족은 고유한 문자인 한글을 가지게 됨으로써 일반 백성도 문자 생활을 누릴 수 있고 문화 민족으로서의 긍지와 자부심을 가지게 되었다. ⑪ 그리하여 민족문화의 기반을 확고하게 다지고 더욱 발전할 수 있는 전기를 마련하였다.

	의미관계 유형(수집관계)					수사적 표현
수준 1	①	②		③		①, ②, ③ 확신적 표현
수준 2 결과 제시			④			④ 확신적 표현
수준 3 상세화	⑤	⑥	⑦	⑧	⑨	⑤ 평가적 표현 ⑥, ⑦, ⑧, ⑨ 확신적 표현
수준 4 상세화					⑩	⑩ 평가적 표현
수준 5 결과 제시					⑪	⑪ 평가적 표현

창제가 가지는 역사적 의의를 이해한다"에 맞춰 ①, ②, ③ 한글창제 배경과 ④ 훈민정음의 창제, 보급과정을 밝혔다. ⑤ 한글의 우수성, ⑥, ⑦, ⑧ 한글로 작성한 작품과 활용방법, ⑨ 한글의 역사적 의의를 서술했다. ⑩, ⑪은 ⑨의 역사적 의의를 상세하게 보여주었다. 이 단원은 한글 창제의 배경, 한글의 역할, 한글이 가지는 역사적 의의로 서술하여 수집관계를 이루었다. 그중 한글의 역할이 ⑤~⑧까지 많은 부분을 차지하였다.

수사적 표현은 확신적 표현이 많이 사용되었다. 이 외 ⑤는 한글의 우수성을 저자 나름대로 평가했고 ⑩과 ⑪은 한글이 민족문화 발전에 기여했다는 평가적 표현이 사용되었다. 국사교과서의 강조적·확신적·평가적 표현은 어휘와 문장에 의해 약간의 차이가 있을 뿐 그 차이가 명확하지 않다. 새롭게 수정한 글은 **표 21**로 제시하였다.

❶에서 한글 창제 배경을 밝히고 ❷는 "한글이 조선 사회에 미친 영향이 무엇일까?"로 문제를 제기하였다. 문제 해결을 위한 시작 문장은 ❸과 ❽로, 백성들은 글로 의사표현을 하고 지배층은 도덕적으로 교화가 가능하다고 서술을 하였다. ❹, ❾/❺, ❿/❻, ⓫/❼, ⓬는 ❸과 ❽을 구체적으로 뒷받침하고 ⓭은 문제에 대한 저자의 해결안을 요약하였다.

❶ 조선 세종은 "우리말의 음운체계가 중국과 달라 중국어를 기록하도록 마련된 한자로는 뜻이 통하지 않으므로 한자를 모르는 백성들이 말을 글로 표현하려고 하여도 끝내 자기 뜻을 나타내지 못하는 경우가 많다. 내가 이를 딱하게 여겨서 새로 스물여덟 글자를

표 21 〈한글 창제〉 수정문과 문장관계도

❶ 조선 세종은 "우리말의 음운체계가 중국과 달라 중국어를 기록하도록 마련된 한자로는 뜻이 통하지 않으므로 한자를 모르는 백성들이 말을 글로 표현하려고 하여도 끝내 자기 뜻을 나타내지 못하는 경우가 많다. 내가 이를 딱하게 여겨서 새로 스물여덟 글자를 만들었으니 사람마다 쉽게 익혀서 날마다 쓰기에 편안하게 되기를 바라는 바이다"라고 밝히며 한글을 창제하여 반포하였다(1446년). ❷ 이렇게 창제된 한글은 조선에 어떤 영향을 주었을까?

❸ 우리는 일찍부터 향찰, 이두를 사용했지만 일상생활에서 쓰는 말을 자연스럽게 표현할 수 없었다. ❹ 이에 세종은 누구나 글을 쉽게 배워 자기의 의사를 표현하도록 한글을 창제했다고 밝혔다. ❺ 과학적인 원리로 만들어진 이 문자는 배우기 쉬워 문자생활에서 소외되었던 백성들에게 퍼졌다.

❻ 예로 임진왜란 때 선조는 왜군의 강압에 못 이겨 투항한 백성들에게 "임금께서 말씀하시길 너희가 처음에 왜놈에게 붙잡혀서 다닌 것은 너희의 본마음이 아니라 …… 너희는 조금이라도 전에 품었던 마음을 먹지 말고 빨리 나오라……"는 한글 교서를 내렸다. ❼ 이것으로 보아, 당시 백성들은 한글로 쓰인 글을 읽을 수 있었을 거라고 추측할 수 있다.

❽ 한편 한글은 백성을 도덕적으로 교화시켜 양반 중심 사회를 유지하는 데도 중요한 역할을 했다. ❾ 세종은 충, 효의 윤리를 백성들에게 보급하고자 하였다. ❿ 그래서 유교적으로 모범이 될 만한 충신, 효자, 열녀의 이야기를 그림과 글로 엮어 《삼강행실도》를 편찬해 지방마다 보급하였다. ⓫ 그러나 한자를 읽지 못하는 백성들에게 효과를 거두기 힘들었다. ⓬ 이후 성종 때 한글로 번역하자, 백성들은 서서히 이 책을 읽기 시작했다고 한다. ⓭ 요컨대, 한글 창제로 백성들은 문자생활을 누릴 수 있었고, 지배층은 유교윤리를 백성들에게 보급하여 양반 중심 사회를 유지할 수 있었다.

	의미관계 유형(수집관계)		수사적 표현
수준 1	❶		❶ 강조적 표현
수준 2 질문 제시	❷		❷ 강조적 표현
수준 3 근거 제시	❸	❽	❸, ❽ 확신적 표현
수준 4 상세화	❹	❾	❹, ❾ 확신적 표현
수준 5 상세화	❺	❿	❺, ❿ 확신적 표현
수준 6 상세화	❻	⓫	❻ 강조적 표현 ⓫ 확신적 표현
수준 7 상세화	❼	⓬	❼ 평가적 표현 ⓬ 추측적 표현
수준 8 결론 제시	⓭		⓭ 강조적 표현

만들었으니 사람마다 쉽게 익혀서 날마다 쓰기에 편안하게 되기를 바라는 바이다"라고 밝히며 한글을 창제하여 반포하였다(1446년).

❷ 이렇게 창제된 한글은 조선에 어떤 영향을 주었을까?

❶《훈민정음 해례본》을 인용한 후 한글 창제 배경을 밝혔고 ❷ 한글이 과연 조선사회에 어떤 영향을 미쳤는지에 대해 문제를 제기하였다. 또 학생들의 관심을 유도하기 위해 강조적 표현을 사용하였다.

❸ 우리는 일찍부터 향찰, 이두를 사용했지만 일상생활에서 쓰는 말을 자연스럽게 표현할 수 없었다.

❹ 이에 세종은 누구나 글을 쉽게 배워 자기의 의사를 표현하도록 한글을 창제했다고 밝혔다.

❺ 과학적인 원리로 만들어진 이 문자는 배우기 쉬워 문자생활에서 소외되었던 백성들에게 퍼졌다.

❻ 예로 임진왜란 때 선조는 왜군의 강압에 못 이겨 투항한 백성들에게 "임금께서 말씀하시길 너희가 처음에 왜놈에게 붙잡혀서 다닌 것은 너희의 본마음이 아니라 …… 너희는 조금이라도 전에 품었던 마음을 먹지 말고 빨리 나오라 ……"는 한글 교서를 내렸다.

❼ 이것으로 보아, 당시 백성들은 한글로 쓰인 글을 읽을 수 있었을 거라고 추측할 수 있다.

❸～❼은 한글이 조선사회에 미친 영향을 귀납적으로 서술하였다. 백성들이 우리글이 없어 생활에 불편을 느끼자 세종은 백성들

을 위해 한글을 창제했다. 임진왜란 때 선조가 내린 한글 교서를 인용하여 백성들 사이에 한글이 어느 정도 보급되었다는 것을 밝혔다. 수사적 표현은 백성들이 한글을 사용했다는 의견에 추측적 표현을 가미하였다.

> ❽ 한편 한글은 백성을 도덕적으로 교화시켜 양반 중심 사회를 유지하는 데도 중요한 역할을 했다.
>
> ❾ 세종은 충, 효의 윤리를 백성들에게 보급하고자 하였다.
>
> ❿ 그리하여 유교적으로 모범이 될 만한 충신, 효자, 열녀의 이야기를 그림과 글로 엮어 《삼강행실도》를 편찬해 지방마다 보급하였다.
>
> ⓫ 그러나 한자를 읽지 못하는 백성들에게 효과를 거두기 힘들었다.
>
> ⓬ 이후 성종이 한글로 번역하자, 백성들은 서서히 이 책을 읽기 시작했다고 한다.

❽ 한글은 양반 중심 사회 질서를 유지하는 데 중요 매개체 역할을 했다. 성리학적 윤리가 들어간 《삼강행실도》를 백성들에게 보급하기 위해 한자를 한글로 번역하여 효과를 거두었다는 내용을 서술했다.

《훈민정음 해례본》을 인용한 후 "한글이 조선에 어떤 영향을 주었을까?"라는 질문에 대한 해결과정을 두 가지로 제시하였다. 하나는 백성들의 의사소통에, 다른 하나는 양반 중심 질서 유지에 영향을 미쳤다. 주로 확신적 표현을 사용했으나 평가적 표현과 추측적 표현도 들어갔다. 평가적 표현은 선조의 한글 교지를 백성들이 읽었을지 모른다고 조심스럽게 제시되었다. 그리고 《삼강행실도》가

서서히 백성들에게 퍼져나갔다는 서술에 추측적 표현을 사용하여
학생들이 생각할 수 있는 기회를 주었다.

6장

국사교과서 서술방식에 대한
학생들의 반응

1. 조사 방법

수원에 위치한 Y고등학교 1학년 6개 학급 205명을 대상으로 질문지법을 이용하여 새롭게 만들어진 서술사례에 대한 반응을 살펴보았다. 조사는 두 가지 방식으로 진행하였다. 첫 번째 조사는 4개 학급 중 2개 반에게 원문을, 다른 2개 반에게 수정문을 나눠준 후 역사내용을 이해하는지 알아보았다. 두 번째는 원문과 수정문을 나란히 제시한 후 수사적 표현과 서술의 체계성에 대한 학생들의 생각을 조사했다. A반, B반, C반, D반, E반, F반으로 나누어 첫 번째 조사대상은 A반, B반, C반, D반 129명 중 A반과 B반 71명을 원문반으로 선정하고 C반과 D반 68명을 수정문반으로 하였다. 두 번째 조사는 E반, F반 66명을 대상으로 실시하였다.

첫 번째 조사는 〈왕실과 양반의 건축〉(원문: 98쪽, 수정문: 100쪽), 〈천문학, 역법과 의학〉(원문: 105쪽, 수정문: 106쪽), 〈한글 창제〉(원문: 115쪽, 수정문: 117쪽)의 원문과 수정문을 제공한 후 다음과 같은 질문을 하였다.

---

1. 각 글에 제목을 구체적으로 지어보세요.
(예) 조선시대 음악의 변천과정 / 조선전기와 중기의 조각의 차이

2. 조선시대 한 마을에 사는 태현이 집과 종국이 집은 경제적으로 비슷한데 집의 크기가 너무 차이가 납니다. 그 이유가 무엇일까요?

3. 나는 조선시대 유명한 과학자다. 어제 세종께서 나를 부르더니, "지금 조선은 여러 가지로 힘든 상황이다. 특히, 백성들은 가뭄과 홍수 등 자연재해로 살기가 더욱 어려워졌다. 이런 백성들을 위해 좋은 기술을 발전시켰으면 한다"라고 하셨다. 지금 나는 '백성들을 위해 가장 좋은 과학기구, 과학기술이 무엇일까?' 하루 종일 고민 중이다. 만약 여러분이 같은 처지라면, 어떤 과학기기를 만들 것인지, 혹은 어떤 과학기술을 발전시킬 것인지 쓰고 그 이유도 구체적으로 작성하세요.

4. 나는 세종이다. 한글을 만들었으나 막상 보급을 하려고 하니 상당히 힘이 든다. 이 한글을 조선의 모든 사람들이 사용하게 할 수 있는 방법은 무엇일까?
여러분이 세종이라면 어떤 방법으로 한글을 보급할 것인지 상세하게 작성하세요.

일반적으로 제목은 가장 중요하다고 생각하는 내용이나 전체 내용을 포괄할 수 있는 것으로 정한다. 이에 질문 1을 통해 학생들이 정한 제목을 통해 단원의 중심 주제를 잘 찾아내는지 살펴보았다. 그리고 학생들이 질문 2, 3, 4를 통해 조선시대의 상황을 잘 파악하는지 알아보았다. 질문 2는 〈왕실과 양반의 건축〉을 읽고 건축물의 크기 차이가 신분 차이 때문이라는 것을 파악하는지 알아보았다. 질문 3은 〈천문학, 역법과 의학〉을 참고로 조선시대 백성들

을 위해 발전시켜야 할 과학기술을 얼마나 구체적으로 응답하는지 살펴보았다. 질문 4는 〈한글 창제〉를 읽고 한글을 보급하기 위해 학생들이 제시하는 방법이 조선시대 상황에 어느 정도 적절한지 살펴보았다.

두 번째 조사는 동일한 반에 〈분청사기, 백자와 공예〉 단원의 원문(110쪽)과 수정문(111쪽)을 나란히 보여준 후 아래와 같이 질문하였다. 이 단원은 다른 단원에 비해 추측적 표현과 평가적 표현이 많아 수사적 표현에 대한 학생들의 반응을 파악하기 쉽다.

---

1. 글 I, II에서 중심 문장을 찾아 밑줄을 그어보세요. (I: 원문, II: 수정문)

2. I 의 저자가 학생들에게 가장 알리고 싶은 정보는 무엇일까요?
   구체적으로 작성하세요.

   II 의 저자가 학생들에게 가장 알리고 싶은 정보는 무엇일까요?
   구체적으로 작성하세요.

3. 이해가 더 잘되는 글을 찾아 번호를 쓰세요. 그리고 이유도 작성하세요.

4. 글 I과 II는 서술형태가 다릅니다. 그 이유는 무엇일까요?

5. 글을 다 읽은 후 각 글에 대한 느낌이 어떻게 다른지 적어보세요.
   I :
   II :

질문 1은 원문과 수정문을 읽은 학생들이 중심 문장을 쉽게 찾아내는지 알아보고자 제시하였다. 질문 2는 학생들이 생각하는 조

선시대공예의 특징은 무엇이고 자기공예 외에 목공예, 돗자리공예, 화각공예, 자개공예, 수와 매듭을 어떻게 인식하는지 알아보고자 하였다. 질문 3은 〈분청사기, 백자와 공예〉 원문과 서술구조를 바꾼 수정문을 학생들에게 비교하게 하였고 질문 4는 원문과 수사적 표현이 들어간 수정문을 비교하도록 제시하였다. 질문 5는 원문과 수정문에 대한 전체적인 느낌이 어떠했는지 살펴보았다. 학생들이 원문과 수정문이 어떻게 다르다고 생각하는지 그리고 무엇 때문에 다르다고 생각하는지 알아보았다.*

2. 반응 분석

1) 역사적 문제 해결 능력

1. 각 글에 제목을 구체적으로 지어보세요.
(예) 조선시대 음악의 변천과정 / 조선전기와 중기의 조각의 차이

원문과 수정문을 읽은 대부분 학생들은 전체 내용을 포괄하는 제목을 찾았다. 그러나 중요 내용을 제목으로 선정하는 방법은 차이를 보였다.
원문과 수정문을 읽은 학생들이 작성한 전체 내용을 포괄하는

---

* 조사에 사용한 질문지를 '부록'에 수록하였다.

제목들이다.

- 〈왕실과 양반의 건축〉: 조선시대 건축물(B반 이상○)
- 〈천문학, 의학과 역법〉: 조선시대 과학기술(A반 지수○)
- 〈한글 창제〉: 훈민정음(C반 박슬○)

〈왕실과 양반의 건축〉 원문을 읽은 41명, 수정문을 읽은 22명과 〈천문학, 의학과 역법〉 원문을 읽은 45명, 수정문을 읽은 31명이 전체 내용을 포괄하는 내용을 제목으로 작성하였다. 〈한글 창제〉 원문을 읽은 31명과 수정문을 읽은 28명도 이에 해당했다. 원문을 읽은 학생들이 이와 같은 반응을 많이 했다.

원문과 수정문에 대한 학생들 간 반응 차이를 보이는 제목들을 보면 다음과 같다. 먼저 〈왕실과 양반의 건축〉의 원문을 읽은 학생들이 붙인 제목들이다. 12명의 학생이 '발전'과 '변화'와 관련된 제목을 붙였다.

- 조선시대 건축의 변천과정(A반 김다○)
- 우리나라 건축의 발전과정(A반 박혜○)
- 조선시대 건축의 발전(B반 이시○)
- 조선시대 건축의 변화(B반 곽민○)

원문은 건국 초부터 16세기까지 건축을 시간의 흐름대로 서술하였다. '조선초기에는 …… 건국 초기에는 …… 왕실의 비호를 받은 불교와 …… 16세기에 들어와 …… '로 이루어져 시간의 흐름을 인식할 수 있다. 이를 보고 '발전'과 '발달'이라는 제목을 지었다.

원문을 읽은 학생들 중 9명은 '특징'이 들어간 제목을 정했다.

- 조선 건축의 특징(A반 고민○)
- 조선시대 건축의 특징과 그 예(A반 김규○)

조선시대 건축물을 소개한 뒤에 특징을 간략하게 제시했기 때문에 나온 제목이다. 예로, "개성의 남대문과 평양의 보통문은 고려시대 건축의 단정하고 우아한 모습을 지니면서 조선시대 건축으로 발전해나가는 형태를 보이고 있다"처럼 남대문, 보통문의 건축물과 그 특징이 나온다.

이 외에도 '조선초기 건축양식', '조선시대 건축 명칭', '높은 기상의 건축물과 이에 따른 다양한 형태', '고려와 조선의 건축양식 비교', '조선시대 건축의 역사', '조선시대 건물양식이 드러난 요인', '조선시대 사원의 종류', '조선초기 건물에 관한 일고찰', '신분에 따른 건축물'도 1명씩 응답했다.

〈왕실과 양반의 건축〉의 수정문을 읽은 39명은 신분 유지와 관련 있는 제목을 정했다.

- 왕실과 양반 중심의 조선 건축(C반 신은○)
- 조선시대 상류층 건축(C반 박슬○)
- 신분에 따른 조선 건축규정(D반 이중○)
- 조선시대 왕실의 권위를 높이기 위한 건축규정(D반 김민○)
- 조선시대 지배층의 신분질서를 유지한 건축(D반 고윤○)

- 조선시대 건축에 담긴 신분질서(D반 구본○)

원문을 읽은 학생들의 반응은 〈조선시대 건축〉 등으로 퍼진 반면, 수정문을 읽은 학생들은 〈왕실과 양반의 건축〉처럼 신분 유지와 관련된 제목으로 집중되었다. 이 제목은 원문의 제목이기도 하다. "조선시대 건축은 왕실과 양반 중심으로 이루어졌다"는 중심 주제가 첫 문장에 나와 학생들이 중심 문장을 쉽게 찾았다.

이 외에 '조선시대 건축의 특징', '조선시대 건축의 변화과정', '조선시대 건축의 의의', '조선시대 건축의 목적', '조선시대와 고려시대 건축규정의 차이', '조선시대 건축규정과 취향', '조선 초기와 중기의 건축 취향'도 1명씩 반응했다.

다음은 〈천문학, 의학과 역법〉을 읽은 학생들의 반응이다. 원문을 읽은 15명이 지은 제목에는 '발달'과 '발전'이라는 단어가 많다.

- 조선시대 과학기술의 발달(A반 고소○)
- 조선시대 과학 발달 과정(A반 김수○)
- 조선 초 과학기술의 발달(B반 김민○)
- 조선시대에 발달한 기술(B반 유종○)

발전은 더 좋은 상태가 나가는 단계를 말하고 발달은 학문, 기술, 문명, 사회 등 현상이 이전보다 높은 수준에 이름을 말한다. 학생들은 천체 관측 기구, 시간 측정 기구, 토지 측량 기구, 천문도, 역법, 의학 등 다양한 과학기구를 보고 이 시기에 과학기술이 전보다 나아졌다고 인식했다.

과학기구의 '우수성'과 관련된 제목은 9명이 작성했다.

- 조선시대 뛰어난 과학기술(A반 김다○)
- 조선시대 과학기술의 뛰어남(A반 김소○)
- 조선시대 과학기술의 우수성(B반 윤식○)
- 조선시대 과학기술의 전성기(B반 정대○)

이들은 "~역사상 특기할 정도로 뛰어났다", "~훌륭한 업적을 남겼다", "이는 15세기 세계 과학의 첨단수준에 해당한 것으로 평가되고 있다"처럼 과학기술을 평가한 글에서 실마리를 찾았다.

이 외에 '끝없는 과학기술로 성장한 조선', '과학과 기술학의 발전의 영향'과 같은 제목도 있다.

수정문을 읽은 21명의 학생은 과학기술의 발달의 '배경'과 '원인'에 초점을 두었다.

- 조선시대 과학이 발달한 이유(C반 김다○)
- 조선시대 과학과 기술학이 발달한 이유는 무엇일까?(C반 김효○)
- 조선시대 과학기술의 발달 원인(D반 이영○)
- 조선 과학기술의 발달 계기(D반 조문○)

이 단원은 텍스트구조의 의미관계 유형 중 인과관계로 작성되었다. 학생들이 '이유', '원인' 등의 제목을 붙인 것으로 보아 의미관계 유형을 파악한 것으로 보인다.

과학기술이 당대에 미친 '영향'을 중시한 제목을 짓기도 했는데,

9명의 학생이 반응했다.

- 조선시대 과학기술이 미친 영향(C반 정이○)
- 조선 초 과학기술의 영향(D반 곽진○)
- 과학기술의 문화 발전과 영향(D반 심용○)
- 조선시대 과학기술 발전의 의의(D반 김소○)
- 새로운 나라를 통치하고 백성들의 생활을 이롭게 하는 과학기술
  (D반 이상○)

과학기술이 발달한 원인보다 결과에 초점을 맞춰 제목을 정했다. 학생들이 "이런 이유 때문에 이렇게 되었다"는 서술에서 '~때문에'에 초점을 둘 경우 원인이나 배경과 관련된 제목이 나오고 '이렇게 되었다'에 초점을 두면 영향이나 의의와 관련된 제목이 나왔다.

5명의 학생은 '농사'와 관련된 제목을 지었다.

- 조선의 농사기술 개선(C반 김이○)
- 과학기술에 기초한 조선시대 농업기술(C반 윤세○)
- 조선시대 과학 발달에 따른 농사법 발달(C반 김수○)
- 과학기술로 인한 조선의 농업기술 발달(D반 강현○)

수정문은 조선 과학기술의 독자성과 농민을 위한 과학기술을 설명하면서 농업에 대해 서술하였다. 두 번의 농업과 관련된 서술이 학생들에게 깊은 인상을 주었다. 이 학생들은 수정문의 서술체계

를 잘 이해하지 못했다고 할 수 있다.

이 외에 2명의 학생이 '조선의 과학기술의 발전', '조선초기 과학기술의 발달'이라는 제목을 지었다.

〈한글 창제〉의 원문을 읽은 34명은 '창제', '보급', '의의' 등의 제목을 지었다.

- 훈민정음 창제(A반 김아○)
- 훈민정음 창제와 보급(A반 김하○)
- 훈민정음 보급(B반 정석○)
- 훈민정음의 의의(B반 정대○)
- 한글의 창작동기와 한글 창제의 의의(B반 임문○)

원문은 한글 창제 배경, 한글 창제와 보급, 한글의 우수성이 모두 들어갔다. 이 중 한글 창제 배경과 한글 보급이 글의 많은 부분을 차지하기 때문에 이와 같은 제목이 나왔다.

3명의 학생은 한글의 '우수성'에 초점을 맞추었다.

- 훈민정음의 우수성과 한글의 중요성(A반 김현○)
- 한글의 우수성과 창제(A반 김혜○)
- 한글의 필요성 인식과 그 뛰어남(A반 김효○)

한글을 통해 문화 민족으로서 긍지와 자부심을 가지고 민족문화의 기반을 확고하게 다졌다는 서술을 보고 반응하였다.

이 외에 '한글의 역사', '세종의 업적', '민족문화를 계승·발전시키는 조선' 등이 있다.

한편, 〈한글 창제〉 수정문을 읽은 31명은 '영향'과 관련된 제목을 지었다.

- 한글이 조선에 끼친 영향(C반 이수○)
- 한글 창제의 영향(C반 김혜○)
- 조선시대 한글의 영향과 의의(C반 황지○)
- 조선시대 한글 창제가 우리나라에 미친 영향(C반 이중○)

학생들이 역사적 사건의 영향이나 의의를 강조하는 문제해결관계로 이루어진 서술을 잘 파악하였다는 것을 알 수 있다. 이와 같은 응답이 전체 내용을 포괄하는 '조선시대 한글', '훈민정음'보다 많다.

5명은 한글 탄생의 '이유', '배경'과 관련된 제목을 지었다.

- 세종이 한글을 창제한 이유(C반 차윤○)
- 백성을 편안하게 한 한글 발명 이유(C반 윤수○)
- 한글 창제 이유(D반 김병○)

문제해결관계가 결과-이유에 초점을 맞춘다면 인과관계는 이유-결과를 강조한다. 이와 같은 반응을 보인 학생들은 문제해결관계에서 이유를 먼저 파악한 것이다.

이 외에 '한글 창제의 의의', '한글 창제의 이점', '한글 창제의 목적', '세종이 한글을 보급하기 위한 노력'의 제목도 보였다.

> 왕실과 양반의 건축
>
> 2. 조선시대 한 마을에 사는 태현이 집과 종국이 집은 경제적으로 비
>   슷한데 집의 크기가 너무 차이가 납니다. 그 이유가 무엇일까요?

이 문제는 조선시대에 신분에 따른 건축 규모와 장식의 제한을 학생들이 알고 있는지 그리고 어떻게 표현하는지 알아보고자 제시하였다.

대부분 학생들은 조선시대에 집의 크기가 다른 이유는 신분 차이 때문이라고 응답했다.

- 신분 차이(D반 구본○)

원문을 읽은 48명과 수정문을 읽은 36명이 이처럼 간결하게 응답했다. 그러나 원문과 수정문을 읽은 학생 간 응답하는 방식에서 차이를 보이기도 했는데, 구체적으로 살펴보면 다음과 같다.

원문을 읽은 19명과 수정문을 읽은 13명은 교과서 서술 그대로 응답했다.

- 국왕의 권위를 높이고 신분질서를 유지하기 위해 (A반 김효○)
- 건물주의 신분에 따라 크기와 장식에 일정한 제한을 두었기 때문이다. (B반 정석○)
- 왕실의 권위를 높이고 지배층 위주의 신분질서를 유지하기 위해 (C반 임수○)

이 응답은 "이러한 건물은 건물주의 신분에 따라 크기와 장식에 일정한 제한을 두었는데, 그 목적은 국왕의 권위를 높이고 신분질서를 유지하는 데 있었다"는 원문과 "왕실의 권위를 높이고 지배층 위주의 신분질서를 유지하기 위한 것으로 보인다"는 수정문을 그대로 인용한 것이다. 그러나 수정문을 읽은 학생 19명은 교과서 서술을 자신만의 표현으로 바꾸어 제시하기도 했다.

- 조선시대 건축은 왕실과 양반 중심으로 이루어지기 때문에 아무리 많은 돈을 가졌다고 하더라도 지을 수 있는 크기가 정해져 있다. (C반 이다○)
- 조선시대 건축은 왕실과 양반 중심으로 이루어졌기 때문이다. 그러므로 두 집은 경제적으로 비슷하지만 신분에 따라 크기가 다르다. (D반 정재○)
- 세종실록을 보면 조선시대 건축은 양반과 왕실 중심으로 이루어졌다. 따라서 신분에 따라 집의 크기를 제한했다. (C반 이해○)
- 세종실록 51권 13년 기록에 따르면 대군은 60칸, 왕자와 공주는 50칸, 2품 이상은 40칸, 일반 백성은 10칸 이하의 범위로 집을 지을 수 있다. (D반 김병○)

학생들은 신분질서 유지라는 핵심적인 표현을 준수하면서 각자의 방식으로 표현을 바꾸어 서술했다. 건축규정을 직접 인용하여 자신의 생각을 표현하기도 했다.

〈왕실과 양반의 건축〉의 원문과 수정문을 읽은 대부분 학생들은 시대 상황에 맞는 답을 했다. 그러나 교과서 서술방식에 따라 반응방식이 달랐다. 원문을 읽은 학생은 교과서 서술 그대로 답했지만 수정문을 읽은 일부 학생은 표현방식으로 바꾸어 응답하였다.

천문학, 의학과 역법

3. 나는 조선시대 유명한 과학자이다. 어제 세종께서 나를 부르더니, "지금 조선은 여러 가지로 힘든 상황이다. 특히, 백성들은 가뭄과 홍수 등 자연재해로 살기가 더욱 어려워졌다. 이런 백성들을 위해 좋은 기술을 발전시켰으면 한다"라고 하셨다. 지금 나는 '백성들을 위해 가장 좋은 과학기구, 과학기술이 무엇일까?' 하루 종일 고민 중이다.
만약 여러분이 같은 처지라면, 어떤 과학기기를 만들 것인지, 혹은 어떤 과학기술을 발전시킬 것인지 쓰고 그 이유도 구체적으로 작성하세요.

이 문제는 조선시대 상황에 맞는 과학기구와 과학기술을 제시하는지 파악하기 위한 것이다. 원문과 수정문을 읽은 학생들은 농사와 관련지어 응답했다. 그러나 표현하는 방식이 차이가 있었다.

학생들이 가장 많이 응답한 과학기술은 수리시설이다. 원문을 읽은 15명과 수정문을 읽은 17명이 이처럼 응답했다.

원문

• 대규모 저수시설을 지어 가뭄과 홍수에 대비한다. (A반 박지○)

• 비가 얼마나 올지 알고 어느 쪽으로 물을 흘려보내는지 알 수 있게 해주는 과학기구를 만든다. (A반 박세○)

• 댐, 저수지 등 홍수와 가뭄을 방지할 수 있는 것을 만든다. (B반 박

기○)

수정문

- 수리시설을 개간하고 가뭄 때 물을 보충하고 홍수 때는 물을 빼낼 수 있는 시설을 만든다. (C반 유수○)
- 가뭄과 홍수 등 자연재해로 살기가 어려워졌기 때문에 저수지를 만들고… (C반 한지○)
- 저수지를 만들어 가뭄이 드는 봄에도 걱정하지 않고 물을 쓸 수 있게 한다. (C반 김윤○)
- 저수지를 만들고 우경을 한다. (C반 이다○)
- 농본사회에서는 날씨가 중요한데 저수지가 가뭄과 홍수를 조절해 줄 수 있다. (D반 노태○)
- 홍수 때 넘치는 빗물을 모아두었다가 가뭄 때 그 물을 풀어 농사를 살리는 방법을 발전시킬 것이다. (D반 김상○)
- 관개시설을 갖추고 댐을 만든다. 농사가 되지 않으면 굶어죽는다. (D반 윤형○)
- 조선시대는 농업이 중심이기 때문에 가뭄 또는 홍수가 나면 큰 타격을 입는다. 그러므로 댐과 저수지를 만들어 대비해야 한다. (D반 박효○)

원문을 읽은 학생들은 수리시설을 만든 이유를 '가뭄과 홍수를 미리 방지하기 위해서'라고 제시했다면, 수정문을 읽은 학생들은 '조선사회는 농업사회이기 때문에 가뭄과 홍수가 나면 안 된다'고 반응하였다. 과학기술을 발달시켜야 하는 이유를 농업과 관련짓고 있다.

원문을 읽은 14명과 수정문을 읽은 23명은 강수량 측정 기구와 날씨 예측 기구를 제작한다고 응답했다.

원문

- 날씨 측정 기구를 발명하고 기후를 예측하게 하는 과학을 발전시킨다. (A반 박혜○)
- 측우기 : 강수량을 측정해서 날씨를 평균을 낸 다음 계절별로 재해를 미리 예방한다. (A반 김효○)
- 측우기 : 강수량을 측정한다. (A반 김희○)
- 생활과 농사에 필요한 날씨를 정확히 측정할 수 있는 기기를 만든다. (A반 손채○)
- 강수량 측정 기구 : 강수량을 측정해서 홍수에 대처한다. (B반 임창○)
- 비가 언제 올지 예측할 수 있는 과학기구를 만든다. 언제 비가 올지 안다면 백성들이 손 놓고 자연에게 피해를 입지 않아도 된다. (B반 김민○)

수정문

- 농사짓는 데 도움이 될 기상현상을 예측하는 과학기술을 발달시킬 것이다. (C반 이시○)
- 하늘을 보고 내년의 강수량이 어느 정도인지 예측할 수 있는 과학기술을 발달시켜야 한다. 왜냐하면 조선의 과학기술은 백성들의 생활을 편리하게 하기 위함인데, 백성들이 가뭄과 홍수로 고통스

러워하니 강수량을 미리 알려줘야 한다. (C반 유은○)

- 측우기 : 가뭄과 홍수를 예측할 수 있는 기구를 제작한다. 강수량을 재서 예측 가능한 기구를 만들어야 한다. 왜냐하면 조선은 자고로 농업국이기 때문에 농업이 망하면 모든 산업이 무너진다. 그래서 농업을 보호해야 한다. (C반 조민○)
- 측우기 : 강수량을 보다 정확하게 알게 되면 농사에 도움이 된다. (C반 김송○)
- 측우기 : 강수량을 예측하면 가뭄 홍수 대비가 가능하다. (D반 김만○)
- 측우기 : 농사가 번성했을 시기이므로 가뭄과 홍수 등 자연재해는 농민에게 많은 피해를 줄 것이다. 이를 대비한다. (D반 신재○)

원문과 수정문에 자격루, 앙부일구, 인지의와 규형, 간의, 혼의 등 여러 가지 과학기구가 나오지만 측우기라고 응답한 학생이 많다. 초등학교 때부터 측우기를 배우고 대표적인 과학기구로 자주 접했기 때문인 듯하다. 교과서에 여러 가지 과학기구가 제시되었으나 학생들이 인지하는 것은 익숙한 과학기구였다. 이는 여러 내용요소를 나열하는 것보다 하나의 내용요소라도 상세하고 친숙하게 제시하는 것이 필요하다는 것을 말해준다.

한편, 원문을 읽은 학생들은 측우기는 강수량을 측정하는 기구라고 생각했다면 수정문을 읽은 학생들은 농사에 도움이 되기 때문에 강수량을 측정하는 측우기가 제작되어야 한다고 답한 점이 눈에 띄었다.

이 외에 원문을 읽은 6명은 천문학과 의학을 발전시킨다고 응답했다.

- 천문기구 : 우리나라는 하늘을 섬겼다. (B반 이강○)
- 하늘을 볼 수 있는 과학기구를 만들 것이다. 그래서 기후를 연구할 것이다. (B반 박난○)
- 의료기술을 발전시킨다. 가뭄과 홍수 뒤에는 전염병이 따라오기 마련이다. (B반 이시○)

과학기구의 명칭을 정확하게 제시하지 않은 학생도 있다. 원문을 읽은 33명과 수정문을 읽은 25명의 학생이 이에 해당했다.

원문
- 조선시대이기 때문에 농업 관련 기술을 발전시킬 것이다. 가뭄과 홍수에 대비한 과학기기도 만들 것이다. 예로 비가 왔을 때 그 빗물을 저장하고 가뭄 때 쓰게 하는 기계를 만든다. 혹은 호수, 바다의 물을 끌어다 쓸 수 있고 홍수에 대비하여 경작지를 보호할 수 있는 장치를 만든다. (A반 마수○)
- 가뭄을 대비하기 위해 물을 대량으로 저장할 수 있는 기술과 홍수가 발생해도 농작물의 피해를 줄일 수 있는 기술을 마련한다. 가뭄과 홍수에 대처하기 위해 빗물 측정기를 만들 것이다. (A반 박찬○)
- 날씨를 예상하는 기구와 농사기술을 만든다. 자연재해 때문에 고통 받는 이들을 위해 날씨 예상하는 기구를 만들고 농사 기술을 개발하여 수확량을 늘려 배라도 채우게 한다. (B반 유종○)

수정문

- 지금의 농사환경에서 재배할 수 있는 농사법을 개발하여 자연 재해 등으로 비옥하지 않은 땅의 실정에 맞는 농사법을 개발해야 한다. (C반 이서○)
- 조선 백성의 대부분이 농민이므로 이들은 자연현상에 따라 농사에 이득을 보기도 하고 실패하기도 한다. 농사의 피해를 입은 농민들이 많으면 국가도 타격이 있으므로 국가는 농사가 잘 이루어지기 위한 기술을 발전시켜야 한다. (C반 김솔○)
- 내가 만일 과학자라면 백성들이 곡식이나 벼를 효율적으로 수확할 수 있는 농기구를 개발할 것이다. 그 이유는 나라마다 풍토가 다르기 때문에 수확량도 다를 것이다. (D반 홍성○)

학생들은 정확한 과학기구나 기술을 제시하지 못했지만 조선의 경제 기반은 농업이고 백성들의 대부분이 농민이라는 사실을 알았다.

이상으로 보면, 대부분 학생들은 각 글에 상관없이 시대적 상황에 맞게 응답을 했다. 그러나 응답방식에서 약간의 차이점을 보였다. 원문을 읽은 학생들은 과학기구와 농업을 긴밀하게 연관 지어 표현하지 못했다. 수리시설은 가뭄과 홍수를 방지하기 위해, 측우기는 강수량을 측정하기 위해 제작해야 한다고 단편적으로 생각했다. 반면, 수정문을 읽은 학생들은 수리시설을 만들고 측우기를 제작해야 하는 이유는 조선사회가 농업사회이기 때문에 가뭄과 홍수를 방지해야 하고, 강수량을 측정해야 한다고 응답했다.

4. 나는 세종이다. 한글을 만들었으나 막상 보급을 하려고 하니 상당히 힘이 든다. 이 한글을 조선의 모든 사람들이 사용하게 할 수 있는 방법은 무엇일까?

여러분이 세종이라면 어떤 방법으로 한글을 보급할 것인지 상세하게 작성하세요.

이 문제는 학생들이 조선시대에 한글 보급 방법을 시대 상황에 적절하게 제시하는지 알아보고자 하였다. 대체로 상황에 맞게 응답했기 때문에 응답내용은 큰 차이가 없었다. 다만 각 글에 한글 보급 방법이 직접 언급되지 않았기 때문에 학생들은 원문, 수정문을 참고하여 다양하게 응답하였다.

먼저 지방에 서당이나 학당 등 한글 전문 기관을 설치하자고 응답한 학생은 원문을 읽은 학생 9명과 수성문을 읽은 학생 7명이다.

원문

- 학당이나 서당을 늘려 백성들이 여기서 배우게 할 것이다. (A반 신선○)
- 서당에서 기본적인 책을 한글로 번역하여 조금씩 보급한다. (B반 석민○)

수정문

- 서당에 한글 교재를 보급한다.(C반 신다○)

- 지방에 향교에서 의무적으로 한글을 이수하게 한다.(D반 석지○)

　학생들이기 때문에 학교에서 한글을 가르치는 것이 가장 효과적이라고 생각한 듯하다. 그리고 서당, 학당, 향교와 같은 조선시대 교육기관은 이미 배웠기 때문에 이와 같은 반응을 하였다.

　원문을 읽은 17명과 수정문을 읽은 6명은 특정 시험을 한글로 보게 하자고 응답하였다.

원문
- 백성들을 대상으로 한글 시험을 열어 그 사람들을 먼저 가르치고 그 사람들로 하여금 한글을 다른 사람들에게 가르치도록 한다. (A반 심다○)
- 한글 시험을 봐서 일정 수준 이상이 되는 사람에게 곡식을 주거나 세금을 면제한다. (A반 심지○)
- 관리시험 때 한글 사용 여부를 제일 먼저 본다. (B반 장현○)
- 과거시험에 한글 시험을 넣는다. (B반 김태○)
- 한글 시험을 잘 보는 사람에게 신분 상승과 포상을 한다. (B반 김현○)

수정문
- 각 지방 관청에서 한글 시험을 볼 수 있게 하여 한글을 배운 사람에게만 시험을 보게 하고 점수가 높은 사람들로부터 소정의 상금을 준다. (C반 이하○)
- 나중에 과거 시험 문제를 만들어 통과한 사람은 많은 포상금과 곡

물들을 나누어준다. (D반 김승○)

　　원문을 읽은 학생들은 "서리들이 한글을 배워 행정실무에 이용할 수 있도록 그들의 채용에 훈민정음을 시험으로 치르게 하기도 하였다"는 서술의 영향을 받아 수정문을 읽은 학생들보다 반응이 많다.

　　백성들이 자주 볼 수 있는 곳에 한글문서를 사용하자는 의견도 원문을 읽은 학생 6명, 수정문을 읽은 학생 17명이 응답했다.

　　원문
- 생활에 사용하는 모든 것을 한글로 만들어 배우게 한다. (A반 안은○)
- 상점이나 주막 등 많은 사람들이 공용으로 사용하는 시설의 표기를 한글로 바꾸고 대화나 편지를 쓸 때도 한글을 사용하도록 한다. 그러면 빠른 시일 내에 퍼질 것이다. (A반 이승○)
- 표지, 간판 등을 한글로 써준다. (B반 신승○)

　　수정문
- 한글 쓰는 법을 편찬하여 백성들과 양반 모두에게 나눠주고 공고문도 한글로 붙인다. (C반 최사○)
- 모든 교서를 내릴 때 한글로 내린다. (C반 박수○)
- 한글 교지를 내려 국가의 중요한 일은 한글을 통해 알도록 한다. (D반 곽진○)

원문을 읽은 학생들이 표지, 간판, 편지, 방, 생활시설물 표기 등 시대적 상황에 다소 어긋나는 반응을 한 것과 달리 수정문을 읽은 학생들은 주로 교서, 공고문 등으로 집중되었다. 선조가 내린 한글 교지를 보고 반응하였다.

원문을 읽은 학생 5명과 수정문을 읽은 학생 11명은 지배층에게 먼저 보급해야 한다고 응답했다.

원문

- 관리들에게도 한자 대신 한글을 사용하게 하여 오랜 시간을 들여 서서히 바꿔간다. (A반 이수○)
- 배층을 설득하여 지배층에게 한글 사용을 권한다. (B반 김현○)

수정문

- 백성들이 배우는 것에 반대하는 양반들은 오히려 양반 중심 사회를 유지하는 데 도움이 된다는 것을 이해시켜 보급한다. (C반 강윤○)
- 모든 국민이 한글을 써야 마땅하는 이유를 양반들에게 설득시킨 후 보급한다. (D반 이동○)
- 과거시험에서 한글 사용을 통해 지배층에게도 한자보다 한글 사용 빈도를 늘리도록 한다. (D반 박세○)

수정문을 읽은 학생들은 양반 중심 사회를 유지하는 데 한글이 주요 역할을 했다는 반응을 원문보다 많이 했는데 교과서에 나온 서술의 영향이다.

원문을 읽은 7명과 수정문을 읽은 27명은 전국에 한글 책을 보급하자는 응답을 하였다.

원문

- 한글을 쉽게 배울 수 있는 서민 전용 책을 전국에 보급한다. (A반 임여○)
- 가난한 사람에게까지 모두 공짜로 책을 보급하여 한글을 공부하게 한다. (B반 노승○)

수정문

- 학교의 기본 교과서를 한글로 번역하여 점점 보급이 되고 책들로 한글로 보급하면 된다. (C반 이소○)
- 한글을 일단 보급한다. 유교적으로 모범이 될 만한 충신, 효자, 열녀의 이야기를 엮은 책을 보급하거나 한글 교서를 내린다. 한글의 영향을 알려주어 백성들이 한글은 많이 배울 수 있도록 한다. (C반 유아○)
- 백성들은 한자를 모르니 유명한 책을 한글로 번역하여 백성들이 책을 읽게 한다. 《삼강행실도》 같은 …… (C반 박수○)
- 백성들에게 유교적으로 모범이 되는 이야기를 한글 책으로 엮어 보급한다. (D반 김영○)
- 오늘날 외국어를 배우기 위한 참고서들처럼 한글을 쉽게 배우게 하는 참고서를 만들어 널리 보급한다. (D반 이주○)
- 문자에서 소외되었던 농민층이나 일반 백성들에게 한글을 가르친다. 또 양반이 반대하지 않도록 충효와 윤리적 의식을 가르치는 쉬

운 글과 그림을 보급하여 모든 백성들이 쉽게 배울 수 있게 한다. (D반 이연○)

- 농사와 관련된 책을 한글로 만들어서 백성들에게 보급한다. (D반 오창○)

원문을 읽은 학생들은 "백성들에게 한글 책을 보급한다"로 응답했다면 수정문을 읽은 학생들은 《삼강행실도》, 유교 관련 서적, 농서, 한글을 배울 수 있는 지침서 등 보급해야 할 책의 종류도 언급하였다. 《삼강행실도》가 백성들에게 어떻게 보급되었는지를 읽었기 때문이다.

한편, 원문을 읽은 학생에게만 나온 의견으로는 한글로 된 노래를 만들어 백성들에게 보급하자는 의견이 있다. 21명의 학생이 이와 같은 응답했다.

- 한글을 노래로 만든다. (A반 전하○)
- 《용비어천가》나 《월인천강지곡》과 같은 노래를 많이 만들어 보급한다. (A반 한지○)

원문에 "조선 정부는 한글을 보급시키기 위하여 왕실 조상의 덕을 찬양하는 《용비어천가》, 부처님의 덕을 기리는 《월인천강지곡》 등을 지어 한글로 간행했다"는 서술의 영향을 받았다. 《용비어천가》와 《월인천강지곡》과 같은 궁중 악장은 일반 백성들에게 널리 보급하기는 힘들었을 것이다. 그러나 많은 학생들이 이 서술을 참고로 하여 "노래를 만들어 보급하자"라고 응답했다.

이 외의 원문 응답으로 일반 백성들이 한글을 사용하면 혜택을 줘야 한다거나 전국에 한글을 가르치는 관리를 파견하자는 의견도 각 1명이 의견을 주었다.

원문을 읽은 학생은 한글 시험을 보고 한글을 노래로 만들어 전파하자는 응답을 많이 보였고 수정문을 읽은 학생은 한글 책을 보급하고 양반들을 설득하여 한글을 사용하게 하며 한글 교지나 공고문을 내리자는 반응이 많다. 학생들은 제시한 방법을 볼 때 교과서의 영향이 크다는 사실을 알 수 있다. 교과서 속 한 줄의 내용이 학생들이 응답하는 내용과 제시방식에 영향을 주었다.

첫 번째 조사를 통해 다음과 같은 결과를 얻을 수 있다. 학생들이 제목을 정할 때 전체 내용을 포괄하는 제목을 많이 지었지만 중심 문장을 파악하면 그와 관련된 제목을 제시했다. 수정문은 첫 문장이 중심 문장이기 때문에 많은 학생들이 중심 문장에 어울리는 제목을 많이 찾아냈고 제목도 구체적이다. 학생들은 수평적 의미관계 유형을 잘 파악하기도 했다. 수집관계로 이루어진 서술에는 '발달', '발전' 등 시간 개념이 들어갔고 인과관계는 '이유', '배경'이 들어갔으며 비교대조관계에서는 비교대상이 등장했다. 그리고 문제해결관계는 '영향' 등이 제목에 들어갔다.

한편, 학생들이 주어진 문제를 해결하는 과정을 보면, 각각의 글을 읽은 후 응답한 내용은 차이가 거의 없으나 표현방식은 차이가 있었다. 원문을 읽은 학생들은 교과서 서술보다 간결하게 답하거나 교과서의 서술을 그대로 옮겨 응답한 반면, 수정문을 읽은 일부 학생들은 교과서 서술을 토대로 자신만의 표현방식으로 바꾸기도 했다. 교과서에 답이 제시되지 않은 문제를 읽고 스스로 문제를 해결할 때도 학생들의 각 글에 대한 응답내용 간 차이는 크지 않았다. 대부분 학생들은 교과서 서술을 토대로 문제를 해결하였다. 다만 제시방식은 교과서 서술이 간결하면 학생의 반응도 간결하고 서술이 상세하면 반응도 구체적이었다. 내용뿐 아니라 서술방식이 학생들에게 영향을 주었다.

2) 서술의 체계성과 수사적 표현

> 1. 글 I, II에서 중심 문장을 찾아 밑줄을 그어보세요. (I: 원문, II: 수정문)

학생들은 최상위구조에 위치한 중심 문장을 찾아낼 수 있을까? 원문을 읽은 대부분의 학생들은 다음 문장을 중심 문장으로 생각했다.

- 궁중이나 관청에서는 금이나 은으로 만든 그릇 대신에 백자나 분청사기를 널리 사용하였다. (F반 강태○ 외 49명)

학생들은 첫 문장을 중심 문장으로 인식했다. 이 외에 학생들이 찾은 중심 문장은 일관성 없이 흩어졌다. 수정문을 읽은 학생들은 최상위구조에 있는 중심 문장을 잘 찾았다.

- 조선시대공예는 실용성과 예술성이 잘 반영되었다.

학생들은 일반적으로 첫 문장을 중심 문장으로 인식하는 경향이 있다. 이는 최상위구조에 중심 문장을 두고 하위구조로 뒷받침하는 서술이 중요하다는 것을 알려준다.

---

2. I, II의 저자가 학생들에게 가장 알리고 싶은 정보는 무엇일까? 구체적으로 작성하세요. (I: 원문, II: 수정문)

학생들이 생각하는 조선시대공예의 특징은 무엇이고, 자기공예 외 다른 공예를 어떻게 인식하는지 알아보았다.

원문을 읽은 62명은 분청사기와 백자에 관한 내용을 핵심 정보로 생각했다.

- 분청사기와 백자에 대한 정보 (F반 김도○)
- 분청사기와 백자 자체에 대한 설명 (F반 이재○)
- 백자와 분청사기 사용 (F반 정혁○)
- 백자와 분청사기에 대해 (E반 이지○)
- 분청사기와 백자의 생김새와 특징 (E반 김채○)
- 백자와 분청사기의 특징 (F반 김승○)
- 분청사기와 백자의 차이 (E반 조나○)
- 분청사기와 백자 작품설명 (F반 이정○)
- 분청사기와 백자의 제작 시기 (E반 임소○)

첫 문장에 백자나 분청사기를 널리 사용했다는 서술이 나와 분청사기와 백자에 대한 내용을 핵심 정보라고 생각했다.

4명의 학생만이 그 외 다른 공예를 언급했다.

- 조선시대공예의 종류 (E반 구서○)

- 분청사기와 백자 그 외 공예들 (E반 김윤○)

- 조선시대공예는 자연미를 살렸고 그 예로 백자, 분청사기 등을 들었다 .(E반 최은○)

- 조선시대 분청사기와 백자, 다른 공예들로 하여금 우리 공예를 설명하였다. (E반 김주○)

원문을 읽은 학생들은 자기공예 외 다른 공예에 거의 관심이 없었다. 많은 공예 종류가 나왔으나 학생들은 중요하다고 인식하지 못했다.

수정문을 읽은 학생들이 핵심 정보라고 생각한 것은 다음과 같다.

- 조선공예의 특징 (F반 소준○ 외 23명)

- 조선시대공예의 실용성과 예술성 (F반 송기○ 외 27명)

- 백자와 분청사기의 특징 (E반 박혜○ 외)

- 분청사기와 백자의 평가 (E반 이명○ 외)

- 분청사기와 백자의 모습 (F반 박시○ 외)

- 분청사기와 백자의 배경 설명 (E반 홍윤○ 외)

- 분청사기와 백자가 우리에게 주는 느낌 (E반 김명○ 외)

- 조선시대공예가 반영하는 의미와 평가 (F반 서원○ 외)

- 분청사기와 백자의 특징, 제작 시기, 생김새에 따른 평가 (E반 임지○ 외)

- 분청사기와 백자의 평가 (E반 이명○)

- 백자와 분청사기의 아름다움 (E반 장유○)
- 분청사기와 백자가 우리에게 주는 느낌 (E반 김명○)
- 조선시대공예가 반영하는 의미와 평가 (F반 김원○)

수정문을 읽은 학생들은 첫 문장에 나온 중심 주제를 찾아 '조선 공예의 특징'과 '조선공예의 실용성과 예술성'을 핵심 정보로 생각했다. 분청사기와 백자가 비교대조관계로 서술된 것을 인식하여 두 자기를 비교하는 주제를 찾기도 했다. 일부 학생들은 자기에 대한 평가나 느낌을 제시했는데 "이들은 각 지방 세력의 지원을 받아 …… 모양과 무늬가 다른 것 같다"와 "……이라는 평가를 받는다"처럼 추측적 표현과 평가적 표현 때문이다. 학생들이 핵심정보를 찾을 때 서술체계와 수사적 표현이 영향을 미친다는 것을 알 수 있다.

3. 어떤 글을 읽을 때 이해가 더 잘 되는지 번호를 쓰세요. 그리고 이유도 작성하세요.

원문이 이해가 잘된다는 학생은 25명, 수정문이 이해하기 좋다는 학생은 43명이다.

원문이 이해가 잘된다고 한 25명의 학생들은 다음과 같이 응답했다.

- 문체가 신뢰가 간다. (E반 김명○ 외)
- 확신 있는 말로 서술했다. (E반 박혜○ 외)
- 필요한 내용만 정리하고 사실을 담고 있다. (E반 김윤○)

확신에 찬 말투와 필요한 사실을 담고 있어 신뢰가 있다고 생각했다.

수정문이 이해하기가 좋다고 응답한 43명의 학생 반응을 분류하면 다음과 같다.

10명의 학생은 서술이 체계적이라고 응답했다.

- 정리가 잘되어 있다. (E반 황혜○)
- 구성방식이 체계적이다. (F반 황승○)

분청사기와 백자를 중심으로 조선공예의 실용성과 예술성을 설명하여 중심 주제에서 벗어나지 않았기 때문에 나온 반응이다.

6명의 학생은 주제가 선명하게 드러나서 이해하기 좋다고 응답했다.

- 앞으로 쓸 내용이 잘 드러난다. (E반 김예○)
- 무엇을 설명하는지 주제가 있다. (F반 윤건○)

중심 문장을 첫 문장에 배치하여 학생들이 빨리 파악하도록 하였고 "자기공예를 중심으로 조선시대공예의 특징을 알아보자"처럼 학생들이 앞으로 배울 단원을 미리 제시했기 때문이다.

서술이 자세하다고 응답한 학생은 6명이다.

- 범위가 좁아 자세하게 설명한다. (E반 이하○)
- 자세하다. (E반 김유○)

하나의 상위구조를 하위구조들이 긴밀하게 뒷받침하며 분청사기와 백자에 대해서 상세하게 서술해서 나온 반응이다.

응답한 학생 중 4명은 시대적 배경이 들어가 좋다고 했다.

- 시대적 배경이 들어가 이해하기 좋다. (E반 안혜○)

교과서가 근거를 생략한 채 간결하게 서술된다는 점을 보완하여 분청사기의 모양과 무늬가 다른 이유를 상세하게 제시했다.

수사 장치가 많아 흥미롭다고 응답한 학생은 10명이다.

- 예를 들어 설명이 쉽다. (F반 이정○)
- 인용이 있어 흥미 있다. (F반 이재○)

예나 인용과 같은 수사 장치는 학생들의 흥미를 끌고 글의 이해를 도왔다. 이런 수사 장치는 학생들의 관심을 유도할 뿐만 아니라 수사적 표현을 만드는 데 중요 역할을 했다.

7명의 학생은 저자의 의견이 들어가서 이해하기 좋다고 응답했다.

- 자신의 의견을 반영하고 있다. (E반 김주○)
- 누군가의 생각을 통해 설명해주는 듯 이야기하여 이해가 쉽다. (E반 구서○)
- '~한 거 같다'고 하여 친근하다. (F반 최희○)

학생들은 '~한 거 같다'와 같은 서술 형태를 통해 저자가 드러나는 서술임을 알고 친근하다고 생각했다. 저자와 직접 대화하는 것 같은 느낌을 받기도 했다. 학생들은 저자가 드러나는 글이 친숙하다고 생각했다.

---

4. 글 I과 II는 서술 형태가 다릅니다. 그 이유는 무엇일까요? (I: 원문, II: 수정문)

학생들이 수사적 표현을 어떻게 인식하는지 파악하였다. 많은 학생들이 원문은 객관적이고 수정문은 주관적이라고 반응했다.

원문

- '~였다', '있다'로 사실을 전달한다. (E반 임소○)
- 정확한 정보 전달을 한다. (E반 최인○)
- 자신감이 있다. (F반 김도○)

수정문

- '~같다' 등 생각을 전달한다. (E반 임소○)
- 글쓴이의 느낌이 개입되었다. (F반 김도○)
- 추측인 거 같다. (E반 최인○)

학생들은 원문의 '~였다'와 수정문의 '~같다'를 보고 원문은 정확한 사실을 전달하고 수정문은 저자의 의견, 느낌이 개입되었다고 생각했다. 수정문의 평가적 표현과 수사적 표현이 이런 반응을 끌어내었다.

또 학생들은 서술 형태가 다른 이유를 원문은 딱딱한 설명문형식을 취했고 수정문은 부드러운 대화형식을 취했기 때문이라고 했다.

원문

- 딱딱하다. (F반 김상○)
- 설명하고 있다. (E반 이새나○)

수정문

- 부드럽다.(F반 김상○)
- 누군가에게 말을 해주는 듯하다. / 대화하는 거 같다.(F반 김재○)
- 독자에게 가까이 다가가기 위해 서술이 달라졌다.(F반 김정○)

두 글의 차이를 만든 것은 원문의 확신적 표현, 수정문의 평가적 표현과 추측적 표현이었다. 수사적 표현은 글의 인상을 결정하는 중요한 역할을 하였다.

학생들에게 각 글에 대한 전체 인상을 물어 학생의 반응들을 서술구조의 체계성 여부, 서술의 객관성 여부, 글의 문투로 분류하였다.

> 5. 글을 다 읽은 후 각 글에 대한 느낌이 어떻게 다른지 적어보세요.

먼저 서술구조의 체계성에 대한 학생들의 반응을 보면 다음과 같다.

원문

- 정리되지 않았다. (E반 김윤○)
- 글 읽기가 혼란스럽다. (F반 조성○)
- 주제 찾기가 어렵다. (F반 정윤○)

수정문

- 복잡하지 않다. (E반 최은○)
- 짜임새가 있다. (E반 김윤○)
- 하나의 주제로 자세히 서술한다. (F반 조성○)

원문을 읽은 학생들은 체계적이지 않다고 반응했고 수정문을 읽은 학생들은 체계적이라고 반응했다. 중심 문장을 최상위구조에 두고 하위구조로 긴밀하게 뒷받침할 경우 주제가 명확하기 때문에 글이 복잡하지 않으며 짜임새가 있다. 그리고 상세하고 깊이 있는 서술이 가능하다.

다음으로 서술의 객관성 여부에 대한 학생들의 반응이다.

원문

- 정보를 전달한다. (F반 한지○)
- 분명하게 전달하여 믿음이 간다. (E반 이지○)

수정문

- 주장과 설명이 섞여 있다. (F반 한지○)
- 분명하지 않아 신뢰가 안 간다. (E반 이지○)

- 느낀 점이 들어갔다. (E반 박민○)
- 다른 사람들의 말이 가슴에 와 닿는다. (E반 조나○)

원문은 객관적이고 수정문은 저자의 생각이 드러난다고 응답했다. 저자의 확신에 찬 원문을 읽은 학생들은 정확한 정보를 얻고 신뢰할 수 있다고 생각했다. 반면, 수정문을 읽은 학생들은 글 속에서 저자의 태도를 읽었다. 확신에 차지 않은 표현들이 믿음을 주지 않는다고도 생각했다. 학생들이 저자의 견해에 의심을 품고 저자의 의견에 동조 혹은 이견을 보인다면 이런 표현들은 학생들이 역사적 관점을 구축하는 데 도움이 될 것이다.

마지막으로 글의 문투에 대한 학생 반응이다.

원문

- 딱딱하다. (E반 배현○)
- 설명문이다. (F반 진기○)
- 전문적인 글이다. (F반 정형○)
- 교과서 같은 글이다. (F반 최희○)

수정문

- 부드럽다. (E반 배현○)
- 나에게 이야기를 해주는 것 같다. (F반 정형○)
- 소설, 이야기를 읽는 거 같다. (F반 최희○)
- 예시와 인용이 있어 부드럽다. (F반 진기○)

학생들은 원문은 딱딱하고 수정문은 부드럽다고 생각하였다. 학생들은 어휘, 문장, 인용, 예시 등 다양한 수사 장치를 사용하여 수사적 표현들이 적절히 가미되어 저자가 서술 속에 잘 드러났기 때문에 수정문이 부드럽다고 생각했다.

　두 번째 조사로 학생들이 수정문에 대해 어떻게 생각하는지 알 수 있다. 많은 학생들은 중심 문장과 핵심정보를 쉽게 찾아냈다. 이는 많은 내용요소보다 한 개의 내용요소라도 체계를 갖추어 상세하게 서술하는 것이 학생들의 글 이해를 돕는다는 것을 알려준다. 학생들은 수사적 표현을 통해 저자도 쉽게 찾아냈다. 분청사기, 백자에 대한 저자의 생각과 느낌이 보인다고 직접 말하기도 했다. 인용, 예시 등의 수사 장치에 흥미를 보였고 친근하게 생각했다. 학생들은 추측적 표현을 통해 교과서가 절대적 진리를 갖춘 글이 아닌 저자의 한 견해임을 파악하고 학생 나름대로 역사적 관점을 구축할 수 있을 것이다.

7장

바람직한 역사교과서
서술방식을 위한 제안

교과서 내용뿐 아니라 서술방식도 학생들의 역사이해에 영향을 끼친다는 연구가 진행됨에 따라 서술구조적인 면과 저자와 독자의 관계를 중심으로 교과서 서술방식을 구체적으로 살펴보았다. 국사교과서는 문장 간 응집력이 떨어져 의미관계가 불분명했고 내용요소들이 병렬적으로 퍼져 나열식으로 이루어졌다. 객관적 서술을 지향하여 저자가 쓴 서술이 곧 진실처럼 다루어져 학생들로 하여금 다양한 사고를 할 수 있는 기회를 주지 않았다. 학생들은 교과서 서술을 보고 "무슨 말을 하려고 하는지 모르겠다", "내용이 너무 많아 다 외워야 할 거 같다"는 반응을 보였다. 교과서의 역사내용에 대한 의심도 하지 않았다. 이런 점을 고려하여 이 글에서는 문장과 문장의 응집력을 살려 의미가 긴밀하게 연결된 서술체계를 갖추고 저자가 서술에 잘 드러나는 서술과 덜 드러나는 서술을 적절히 조합하여 새로운 서술을 시도해보았다. 단 원문의 내용을 크게 변화시키지 않으면서 서술방식을 바꾸어보기로 했다.

서술의 구조를 잘 보여주는 구성요소는 응집성, 통일성, 구조,

텍스트 조직, 결속성, 명확성, 개념 밀집도이고 서술의 의미를 이해하는 데 도움을 주는 저자와 독자의 관계를 보여주는 요소는 강세와 메타담론이다. 서술의 기본 속성을 응집성으로 보고 텍스트구조로 서술의 응집성 정도를 살펴보았다. 특히 텍스트구조의 수평적 의미관계를 이루는 수집관계, 인과관계, 비교대조관계, 문제해결관계는 국사교과서의 응집성을 분석하는 데 주요한 역할을 했다. 저자와 독자의 관계는 메타담론을 이용하여 만들어진 수사적 표현으로 알아보았다. 수사적 표현은 글 속의 저자가 드러나는 정도를 알려주는데 이 글에서는 강조적 표현, 확신적 표현, 추측적 표현, 평가적 표현으로 나누었다. 강조적 표현은 저자가 부각하고자 하는 것을 반복이나 요약을 통해 학생들의 관심을 불러일으킨다. 확신적 표현은 저자의 확신이 들어간 글로 교과서 서술에 많다. 이 표현은 글에 믿음을 준다. 추측적 표현은 인용 등을 이용해 여러 사람들의 의견을 서술한다. 역사적 관점이 다양하다는 것을 학생들에게 알려줄 때 사용한다. 평가적 표현은 저자의 의견이 가장 잘 드러난다. 강조적 표현과 확신적 표현이 저자의 의도를 간접적으로 보여준다면, 추측적 표현과 평가적 표현은 저자가 서술 속에 직접 드러난다.

이들을 중심으로 제7차 교육과정 《국사》 교과서 서술을 분석했다. 교과서가 얼마나 체계적으로 서술되었는가와 수사적 표현이 어떻게 드러났는지를 살폈다. '문화사' 단원 중 공예 관련 단원을 텍스트구조로 분석하여 서술의 체계성 여부를 알아보았다. 그리고 주요 시기별 교과서의 〈임진왜란〉 단원에서 수사적 표현을 찾아보았다. 그 결과 다음과 같은 점을 알 수 있었다.

교과서 서술은 상위구조와 하위구조 간 의미가 긴밀하지 못해 응집성이 떨어졌다. 대부분 서술이 수집관계로만 이루어져 밋밋하고 건조한 인상을 주기도 했다. 또 한 단원에 최상위구조의 수가 많아 학생들은 중심 문장을 시간을 들여 스스로 추론해야 했다. 이로 인해 글의 의미를 명확하게 파악하지 못했고 주제를 찾지 못했으며 산만하다고 느꼈다.

교과서를 체계적으로 서술하기 위해서는 중심 문장을 최상위구조로 하여 하위구조들이 중심 문장에서 이탈하지 않도록 의미관계를 긴밀하게 유지해야 한다. 또 수집관계뿐만 아니라 비교대조관계, 인과관계, 문제해결관계 등도 단원의 특성에 맞게 사용해야 한다. 국사교과서 한 단원은 9개 문장에서 15개 문장으로 이루어졌는데 최상위구조가 많아 산만하다는 인상을 주었다. 특히, 하위구조 없이 상위구조만으로 이루어질 경우 옆으로 퍼지는 나열식 구조가 되어 학생들은 글을 피상적으로 읽게 된다. 최상위구조를 줄여 학생들이 번거로운 노력 없이 내용에 집중하도록 해야 한다.

한편, 수사적 표현을 만드는 메타담론은 최근 교과서로 올수록 감소하였다. 메타담론이 줄고 객관적인 서술을 지향하여 수사적 표현을 찾기 어려워졌고 한 어휘나 문장으로 수사적 표현이 결정되었다. 구체적으로 수사적 표현의 변화과정을 보면 강조적 표현은 일정한 수를 유지했고 확신적 표현은 1990년 이후로 많아졌다. 반면, 추측적 표현은 잘 보이지 않으며 평가적 표현은 1990년 교과서 이후 다소 줄어들었다. 역사교과서가 해석을 담는 서술을 해야 한다면, 단원의 특성을 살려 수사적 표현을 적절하게 가미하고, 수사 장치를 다양화해야 한다.

이들 논의를 바탕으로 텍스트구조와 수사적 표현을 결합한 예시안을 만들었다. 텍스트구조의 수평적 의미관계 유형인 수집관계, 비교대조관계, 인과관계, 문제해결관계에 각 수사적 표현을 결합하여 사례를 제시했다. 일반적으로 역사 서술은 역사적 사건이나 사실의 원인과 전개과정을 알아본 후 이들이 당대에 어떤 영향을 미쳤는지로 이루어진다. 또 각종 제도나 작품이 어떻게 만들어졌고, 어떤 역할을 하였으며 당시 사회에 끼친 영향은 무엇인지로 서술된다. 이 중 원인이나 배경을 밝히는 데 중점을 둔 단원은 인과관계를, 전개과정이나 기능을 강조하고 싶을 때는 수집이나 비교대조관계를, 당대에 미친 영향이나 의의를 강조할 때는 문제해결관계를 채택한 후 각 수사적 표현을 적절히 결합하였다. 앞에서 언급한 내용을 반복하거나 요약할 때는 강조적 표현을, 여러 관점 중에서 하나를 선택할 때는 확신적 표현을 사용하였다. 그리고 사건에 대한 여러 관점을 제시할 때는 추측적 표현을, 역사적 사실이나 사건에 대해 역사적 의의나 논평을 할 때는 평가적 표현을 이용하였다. 특히, 교과서의 강조적 표현, 확신적 표현, 평가적 표현은 잘 구별되지 않기 때문에 확신적 표현은 교과서 서술을 그대로 유지하되, 추측적 표현은 직·간접 인용 등을 사용하고 평가적 표현은 '~일지도 모른다', '~(이)라고 볼 수도 있다' 등으로 저자가 직접 보이게 하였다.

그리고 대표적인 사례를 학생들에게 보여준 후 반응을 살폈다. 조사는 두 가지로 나누었다. 첫 번째 조사는 학생들이 역사 문제를 해결하는 방법을 통해 얼마나 시대 상황을 이해하고 적극적으로 반응하는지 알아보았다. 두 번째 조사는 서술의 체계성을 갖추고 수사적 표현이 들어간 글에 대해 어떻게 생각하는지 살펴보았다. 학생들은 수평적 의미관계 유형을 무의식적으로 인식하며 글을 읽었다. 수집관계의 글은 시간적 흐름을 보여주는 '발달', '발전', '변천과정' 등의 제목이 많고 인과관계일 경우 '이유', '배경'이 자주 등장하며 문제해결관계의 글에서는 '영향', '의의'라는 제목이 많았다. 또 학생들이 주어진 문제를 해결하는 과정을 보면, 원문과 수정문을 읽은 후 각각 응답한 내용은 차이가 거의 없으나 표현방식은 차이가 있었다. 원문을 읽은 학생들은 답을 쓸 때 교과서의 서술을 그대로 옮기거나 교과서 서술보다 간결하게 답한 반면 수정문을 읽은 일부 학생들은 사료를 인용하여 자신만의 표현방식으로 바꿔 제시하기도 했다. 한편, 수정문을 읽은 학생들은 주제가 명확한 글을 보고 중심 문장을 쉽게 찾아냈으며 읽을 방향이 미리 제시되어 글을 편안하게 읽었다. 또 수사적 표현이 들어간 글을 주관적인 글, 저자의 생각과 느낌이 들어간 글이라고 생각했고 예시, 인용 등 다양한 수사 장치로 인해 저자가 직접 이야기하는 듯한 느낌을 받는다고 생각했다.

이 연구는 국사교과서의 서술이 나열식이라는 비판을 보완하기 위해 시작되었다. 현재 국사교과서의 내용에 대한 연구는 풍부하나 서술방식에 대한 고민은 이루어지지 않고 있다. 이런 상황에서 이 연구는 국사교과서가 '이런 식으로도 서술이 가능하다'는 하나의 대안을 제시하였다. 이를 토대로 작성된 국사교과서 서술은 기본적인 서술체계를 갖춰 불필요한 노력 없이도 학생들에게 역사 내용을 깊이 생각하고 고민할 수 있는 기회를 제공할 수 있을 것이다.

DBAE 구성영역으로 본
국사교과서 미술사 내용 서술 분석

1. 국사교과서의 미술사 서술

예술품은 한 개인의 개별적인 작품이기도 하지만 한 사회가 낳은 결과물이기 때문에 사회적, 역사적·정치적·경제적 맥락 안에서 그 위치를 찾아야 한다. 예를 들어 베르니니의 작품을 잘 알기 위해서는 메디치가의 번영, 무역의 발달, 상업의 흥기 그리고 그리스 철학의 영향 등 이탈리아의 르네상스를 먼저 이해해야 한다.[1] 역사가는 예술품을 단순히 미적 충만을 채우기 위해서가 아닌, 증거자료로서 관심을 더 둔다. 스타일, 특성, 위대함보다는 사회적 맥락, 논쟁거리와 그 역할에 관심을 두는 것이다.[2] 그러나 예술품 그 자체가 지니고 있는 지식과 정보도 알아야 한다.[3] 조형언어로 표

---

[1] Elliot W. Eisner, "Art, Music, and Literature within Social Studies," in James P. Shaver(ed.), *Handbook of Research on Social Studies Teaching and Learning*, N.Y.: Macmillan, 1991, p. 554.

[2] John Slate, *Teaching History in the New Europe*, CASSELL, 1995, p. 12.

[3] Elliot W. Eisner, 앞의 글, p. 554.

현된 예술품은 역사보다 더 함축적이고 포괄적이기에 참된 역사를 이해하기 위해서는 각 시대의 모든 것을 반영해온 예술품 자체에 대한 이해가 선행되어야 한다.[4] 예술품을 역사적 발전 단계로만 보는 것이 아니라 그 작품의 정신사적 의미발생과 내용을 더듬어야 한다는 점을 강조한다. 예술품을 보고 정치적·사회적·종교적 기타 여러 가지 사실들을 밝혀내는 작업 못지않게 한 예술품양식을 밝혀내는 것도 중요하다고 보는 것이다. 전자는 역사학적 관점으로 연대표 속에서 작품의 가능성을 찾는 것이고 후자는 예술적 관점에서 작품의 미적 가치를 추구한다고 볼 수 있다.[5]

제7차 고등학교 국사교과서에서 예술품에 대한 서술은 문화사의 한 부분을 차지하고 있다.[6] 문화사 단원은 학생들이 과거 시대를 역사유물이나 유적 등을 통해 직접 확인할 수 있기 때문에 다른 분야보다 역사에 대한 흥미와 관심을 높일 수 있는 장점이 있다. 그러나 정작 학교 현장에서 교사와 학생들을 가장 당혹스럽게 하는 부분이 바로 문화사, 특히 미술 관련 단원이다.

"미술 부분은 그냥 줄을 그어 준 다음 학생들에게 줄친 부분을 외우라고 하고 넘어가요."

"미술 부분은 빨리 넘어가고 대신 다른 부분에서 열심히 가르쳐요."

---

4 강우방, 《인문학의 꽃 미술사학, 그 추체험의 방법론》, 열화당, 2003, 23, 32쪽.

5 조요한, 〈미술사학의 방법과 과제〉, 조요한 외, 《미술사학》, 민음사, 1989, 32쪽.

6 제7차 고등학교 국사교과서는 정치, 경제, 사회, 문화 분야로 나누어 구성되었다. 이 중 예술품은 문화사에서 주로 다루어지고 있다.

"미술 부분은 그냥 미술교과서에서 작품 감상하면서 가르치면 안 될까요? 굳이 국사교과서에서 다룰 필요가 있는지 모르겠어요."[7]

국사교과서의 미술 관련 서술을 보면 교사들이 왜 가르치기 어려워하고 학생들이 부담스러워하는지 알 수 있다. 일반적으로 미술 관련 단원은 각 시대별 대표적인 예술품들을 건축, 회화, 서예, 공예 등 형식적인 분류에 따라 나열하는 데 그치는 경우가 많다. 그리고 예술품에 대한 역사적·미술사적 설명을 주관적으로 서술하여 그러한 견해가 마치 진실인 것처럼 말하고 있다. 한편, 예술품에 대한 서술이 역사성보다는 심미안적 안목을 키우려고 하는 예술성 위주로 되어 있어 국사교과서에 필요한 예술품의 역사적인 의미를 제대로 살리지 못하고 있다는 비판 역시 만만치 않다.[8] 이런 비판들 중, 이 글에서는 교과서 안의 역사성과 예술성 위주의 서술들의 양적 분포 정도를 구체적으로 알아보고 역사성을 위주로 하는 서술과 예술성을 위주로 하는 서술들의 특징과 문제점을 살펴보고자 한다.

미술사가는 예술품의 재질, 구성요소, 제작 방법, 제작 연대, 제

---

7   전국역사교사모임,《미술로 보는 우리 역사》, 푸른나무, 1992, 164쪽.

8   강응천, 〈고등학교 국사교과서 문화사 인식 및 서술방식 검토〉,《한국사교과서의 희망을 찾아서》, 역사비평사, 2003, 165~166, 170~171쪽; 이향숙, 〈중학교 국사교과서 삼국시대 미술분야 내용의 변천〉,《역사교육연구》2, 2006, 91쪽; 양정현, 〈중등학교 국사교과서에서 미술부분의 서술과 교육문제〉,《제37회 전국역사학대회 자료집》, 1994, 267~268쪽; 윤용이, 〈국사교과서 미술사 서술〉, 한국미술사학회 편,《문화사와 미술사》, 일지사, 1996, 169~171쪽; 윤용이·유홍준·이태호,《국사교과서 미술부분, 전면 고쳐 써야 한다》, 역사비평사, 1989봄호, 184쪽; 전국역사교사모임, 앞의 책, 165쪽.

작자, 제작 동기 등에 관한 정보를 모으고, 이를 증거로 작품을 해석한다. 또한 연구대상으로 삼은 작품과 다른 작품을 비교하여 그 작품에 대한 평가를 내린다.[9] 여기까지가 예술성을 위주로 한 서술이고, 더 나아가 무슨 이유로 이러한 새로운 양식이 생겨났는가를 추적해나간다.[10] 이 양식이 만들어지게 된 근거들은 인간으로부터 나온다. 예술품은 인간이 만든 것이기 때문이다. 이에 예술품을 통해 당시 인간의 생활모습을 찾아내는 것이 바로 역사성을 볼 수 있는 부분이다. 역사교육에서 예술품은 단순히 하나의 사료로만 취급하지 않는다. 그렇다고 해서 예술품 자체의 독특한 특성만을 파악하는 것도 아니다. 역사를 이해한다는 것은 예술품 자체에 대한 이해를 기반으로 거기에 반영되어 있는 시대적 상황을 찾아갈 수 있어야 한다는 의미다. 따라서 역사교육에서 다루는 미술사 수업은 예술품의 감상을 통해 예술품에 대한 관심을 우선 갖게 하고 학생들이 스스로 예술품들을 찾아 독창적인 감상이나 해석, 비평을 수행해내도록 유도하는 배려가 필요하다. 이러한 과정을 거치면서 자연스럽게 시대를 초월한 예술성을 이해하여 예술적 안목을 높일 수 있다. 여기서 한걸음 더 나아가 예술품이 제작된 시대 분위기와 사상, 또는 의식의 변화, 사회·경제적 의미 등이 어떻게 그 예술품 속에 구현되었는지를 잘 이해할 수 있다면 그 시대와 문화에 대해 한층 깊이 있고 풍부하게 이해할 수 있다.[11] 그

---

9 조요한, 앞의 글, 13쪽.

10 문명대, 〈현대한국미술사학의 새로운 모색〉, 조요한 외, 《미술사학》, 민음사, 1989, 88~89쪽.

11 엄기환, 〈문화사 지평 넓히기〉, 전국역사교사모임, 《우리아이들에게 역사를 어떻게 가르칠 것인가》, 휴머니스트, 2002, 131쪽.

런데 국사교과서의 미술 관련 서술에서는 정렬과 패기, 소박, 고졸, 세련, 웅장, 화려, 순수, 조화, 힘찬 느낌, 웅장하고 건실한 기풍, 장엄, 우아, 중후, 수려, 씩씩, 검소 등의 심미적 판단에 의해 사용된 용어들이 많아 예술성에 치우쳐 있다는 비판을 받고 있다.[12] 그러나 이는 심층적인 분석 없이 이루어졌기에 좀 더 체계적인 틀을 마련하여 신중하게 살펴볼 필요가 있다. 이를 분석하기 위해 DBAE의 이론을 수용하였다.[13] DBAE는 미술의 기본 분야를 창작, 미학, 미술사, 미술비평의 네 분야로 보고 미술과 교육을 생활 속에서 자연스럽게 키워나가야 할 창의적이고 개성적인 창작 능력, 미적인 안목, 문화적·역사적 맥락 속에서 예술품의 가치에 대한 이해, 예술품을 볼 수 있는 능력 등을 고루 갖추도록 지도하는 과정으로 보고 있다.[14] 국사교과서 안의 예술품 역시 궁극적으로는 감상을 위한 것으로, 제대로 감상하기 위해서 미학적, 미술비평적 그리고 미술사적 의미를 깨달아야 한다. 따라서 DBAE에서 말하고 있는 이 분야들을 국사교과서 서술 분석에 맞게 수정하고 보완하여 이용하고자 한다.

---

12 양정현, 앞의 글, 267쪽.

13 DBAE는 Discipline-Based Art Education의 약어이다. 이 용어는 그리어(D. Greer)에 의해 조어되었는데 한국어적 의미는 두 가지 측면에서 검토되어 왔다. 먼저 각 단어가 갖는 의미를 고려한 번역적 검토와 다른 하나는 DBAE가 추구하고 지향하는 점을 담으려는 의역적 접근이다. 전자의 예로는 학문에 기초한 미술교육, 학과에 기초한 미술교육, 학문 중심의 미술교육 등이 있고 후자의 경우로는 총체적 미술교육, 범예술교육 등이 사용되고 있으나 아직 적절한 어휘가 발견되지 않고 있기 때문에 이 글에서는 'DBAE'를 사용한다. 김황기, 〈DBAE: 어제와 오늘(II)〉, 《미술교육논총》 15, 2002, 189쪽.

14 김대열·백인현·구권환·박홍순, 〈DBAE 미술교육운동과 연계한 제7차 미술교육과 정의 효율적인 지도방안〉, 《공주교대논총》 38-1, 2001, 74쪽.

2. DBAE 이론: 국사교과서 미술사 서술의 분석틀

　DBAE 이론에 대한 논의는 다양하지만, 목적은 학생들이 미술을 이해하고 감상할 수 있는 능력을 개발하는 것이다. 미술이론에 대한 지식과 예술품의 시대적 배경에 대한 이해 및 미술을 창조하고 감상하는 능력을 기르고자 하는데 특히, 예술품을 제작하는 능력뿐만 아니라 시각미술을 이해하고 감상하며 이를 향유하는 능력을 키워주고자 한다. 이런 감상능력을 키워주기 위해 미술의 대표적인 학문 분야인 미술비평, 미술사, 미학의 학문을 수용하여 미술 실기와 함께 지도하도록 하고 있다. 국사교과서의 예술품 역시 주로 감상과 이해를 위해 제시되고 있다는 점을 감안한다면, 미술 실기를 제외한 3개 영역이 국사교과서의 예술품의 서술 관점에 대해 기준 역할을 하는 데 적절해 보인다. 특히, 기존에 미술교육에서 강조했던 예술품에 대한 관심을 보이자는 정서함양 이상의 의미를 내포하여 미술비평을 통해 비평적인 감상을, 미학을 통해 심미적인 감상을, 그리고 미술사를 통해 역사적 감상을 할 수 있는 능력을 가질 수 있기를 바라고 있는데, 이는 현재 국사교과서에서 예술품에 관한 서술에도 적용될 수 있다.

　먼저 미술비평은 예술품에 대해 행해지는 가치 판단 활동에 대한 평가이다. 예술품의 좋고 나쁨, 장점과 단점을 판별하여 평가하는 것으로 묘사 단계, 분석 단계, 해석 단계, 판단 단계가 서로 뒤섞여 나타난다. 묘사 단계에서는 작품이 '부드럽다', '개방적이다' 등의 반응을 포함하고 분석 단계에서는 작품에 나타나는 분위기 등에 대한 전체적인 특징을 분석한다. 해석 단계는 학생이 작품이 주는 의미를 어떻게 해석하는가를 생각해보도록 하는 것이고 판단 단계는 예술품의 가치와 중요성을 판단하는 이치를 제공하고 평가하는 단계이다. 국사교과서의 경우 학생이 예술품을 어떻게 해석하는가는 살펴볼 수 없기 때문에 해석 단계를 제외하고 교과서 저자가 서술한 작품에 대한 반응, 작품에 나타나는 전체적인 분위기 그리고 예술품의 가치와 중요성에 대한 판단 및 평가에 관한 서술을 중점적으로 살필 것이다. 예로 "정림사지 5층 석탑은 백제의 대표적인 석탑으로 안정되면서도 경쾌한 모습으로 유명하다"의 경우 정림사지 석탑에 대한 반응을 알 수 있다. 그리고 "청주 흥덕사에서 간행한 《직지심체요절》이 현존하는 세계 최고의 금속활자본으로 공인받고 있다"라는 서술을 통해 《직지심체요절》이 가지고 있는 가치, 중요성을 알 수 있다.

미학은 미술의 본질적인 의미를 다루는데, 예술품에 관해 지각하고 이해하며 감상하는 데 있어 근본적인 의문을 제기하고 이에 대한 토의를 하고 가치 판단의 근거를 마련케 하는 분야이다. 특히, DBAE의 경우는 미적 정사(aesthetic scanning)를 예술품에 접목하여 네 단계로 시각적인 특징을 면밀히 조사해나가면서 예술품이 지니고 있는 특징뿐만 아니라 보는 방법을 배울 수 있도록 설계하였다. 먼저 감각적 특성 조사 단계는 예술품에 나타난 시각적인 특성을 보고 반응할 수 있도록 선, 형태, 명암, 질감, 색채, 공간에 대해 질문을 한다. 선이 굵은가, 가는가? 형태는 자연스러운가, 꾸민 형태인가? 질감이 부드러운가, 거친가? 색채가 따뜻한가, 차가운가? 작품이 돌출되어 있는가, 들어갔는가? 등으로 예술품에 나타난 시각적 요소의 특징을 찾아본다. 형식적 특성 조사 단계는 이전의 선, 형태, 명암, 질감, 색채, 공간 등의 특성들이 작품 속에서 작가들의 감정이나 생각 등에 따라 어떻게 구성되었는가에 대해 이해하는 과정이다. 기술적 특성 조사 단계는 작품에 사용된 재료와 도구에 대한 것과 작업방법 등을 관찰하는 단계로 다양한 재료의 특징과 방법, 효과 등에 대해 조사하고 시각적 효과를 위해 재료와 도구들의 사용방법에 대한 탐색이 이루어지는 과정이다. 마지막으로, 표현적 특성 조사 단계는 작품의 감정적·표현적 특성에 대한 관찰을 통해 작가의 이념이나 영감을 찾아내고 의미를 이해하는 단계이다. 대담함과 소심함, 잔잔함과 요란함 등의 심적 상태에 대한 표현의 특성을 찾아보고 긴장감, 활력감, 투쟁적, 이완적인 동적 상태를 관찰하는 것이다. 실제 국사교과서의 예술품에 관한 서술은 미적 정사의 단계에 정확하게 부합되는 서술은 별로 보이지 않는다. 여기에서는 선, 형태, 질감, 색채, 명암 등을 언급한 경우와 사용한 재료, 재료의 특징과 효과 등을 서술한 경우 미학적 서술로 간주하고자 한다. 예로, "안견의 대표작인 〈몽유도원도〉는 자연스러운 현실세계와 환상적인 이상세계를 능숙하게 처리하고 대각선적인 운동감을 활용하여 구현한 걸작이다"의 경우, 대각선적인 운동감의 활용을 미학적 서술로 보는 것이다.

마지막으로 미술사는 시간적 흐름에 따른 통시적인 관점에서 예술품을 이해하려는 활동이다. 미술에 관한 역사적 사실이나 작품을 해석하고 기술할 때 시대적 전후관계를 생각하고 작품이 탄생된 배경과 제반조건을 포착, 감상하는 것이다. DBAE 구성의 한 영역으로서 미술사는 예술품에 대한 역사적·문화적 요소를 이해하기 위한 연구를 추구하기 위한 것이다. 미술사가들에 의해 만들어진 예술품의 특징들, 즉 작품이 전하려는 메시지와 시간적·공간적 의미를 인식하고 감상하며 다양한 역사적 상황을 탐구함으로써 미술이 사회와 문화에 공헌하는 바의 가치를 이해할 수 있다. 따라서 미술사는 학생들에게 예술품과 관련된 역사적 맥락 및 미술적 환경과 문화와의 관계를 교육한다. 이 중 DBAE에서 주로 활용하고 있는 미술사에 관한 질문으로는 피츠패트릭(V. L. Fitzpatick)이 작성한 다음의 것들이 있다. 먼저 묘사의 질문으로 '예술품의 주제가 무엇인지, 언제 제작되었는지, 그리고 어디에 소장되어 있는지'가 있다. 기법에 관한 질문으로는 '어떤 기법이 사용되었나, 1백 년 전에 똑같은 방법으로 제작될 수 있는가' 등이 있다. 미술가에 대한 질문으로는 '작가는 누구인가, 작가가 살고 있던 곳은 어디인가, 작가의 작품과 관련 있는 사람은 누구인가' 등이 있다. '작품을 제작하게 된 동기는 무엇인가, 미술가 자신이 작품에 대해 어떻게 설명하는가' 등의 미술가의 의도에 관한 질문도 있다. 한편, '미술가의 교육에 영향을 준 사람은 누구인가, 미술가는 미술 이외에 어떤 공부를 했는가' 등 미술가의 교육에 관한 질문이 있는가 하면, 작품 제작 당시의 문화에 대한 질문도 있다. 즉, '미술가가 살았던 당시의 문화는 어떠했는가, 그 문화가 작품에 미친 영향은 무엇인가, 미술가가 살았던 곳의 정치적·경제적 상황은 어떠했는가, 근처에서 활동한 다른 미술가는 있었는가' 등이 이에 해당한다. 마지막으로 '작품은 누구에게 주문받아 제작되었나, 작품이 제작되었을 당시 어느 정도 인정 받았는가' 등 당시 예술품에 대한 논평도 미술사를 구성하는 질문 중의 하나이다.[15] 이런 질문을 통해 피츠패트

---

15 엘리엇 아이스너, 김인용·김대현 옮김, 《학문기초 미술교육운동》, 학지사, 1997; 이정희, 〈미술교육에서의 DBAE 교육방법의 적용〉, 《교육연구》 1-1,

릭은 예술품에 영향을 미친 여러 가지 사회적·문화적 전후관계를 파악함으로써 작품을 폭넓게 이해할 수 있다고 보았다. 이를 국사교과서에 적용하면 다음과 같이 예를 들 수 있다. "7세기에 무왕이 추진한 백제의 중흥을 반영하고 있다."는 만든 이, 만든 시기 등 묘사의 질문과 제작 동기를 알 수 있다. "18세기에는 사회적으로 크게 부상한 부농과 상인의 지원을 받아 그들의 근거지에 장식성이 강한 사원이 많이 세워졌다. 논산 쌍계사, 부안 개암사, 안성 석남사 같은 사원이 대표적이다"는, 18세기 예술품의 후원 세력과 사회상을 알려주고 있다. 미술비평과 미학은 예술성을, 미술사는 역사성을 추구하는 서술이라고 할 수 있다.

3. 국사교과서 예술품 관련 서술 분석[16]

앞 장의 논의를 바탕으로 하여, 분석한 내용의 일부를 제시하면 **표 1**과 같다. 편의상 미술비평 분야를 A, 미학 분야를 B, 그리고 미술사 분야를 C로 하였다.

1999; 박종미·노용, 〈DBAE프로그램의 개발과 교육적 효과〉, 《교육과학연구》 34-1, 2003; 박휘락, 〈비평적, 역사적, 심미적 감상교육론〉, 《대구교육대학교 논문집》 29, 1994; 김황기, 앞의 글; 김대열·백인현·구권환·박홍순, 앞의 글을 참고로 하여 재구성하였다.

16 이 글은 각 시대별로 대표적인 예술품들에 대한 서술이 어떤 관점을 유지하며 전개되고 있는지를 알아보고자 하는 것이기에 몇 가지 제한을 두었다. 먼저 일반적인 청화백자에 대한 서술은 제외할 것이다. 그리고 분류사 중, 문화사 단원의 예술품만을 대상으로 하기에 그 외의 예술품, 즉 선사시대의 예술품은 여기에서 제외할 것이다. 한편, 하나의 예술품에 대해 서술하는 경우도 있지

표 1 국사교과서 예술품 관련 서술 분석[17]

중단원	소단원	내용	예술품	서술	쪽수	분류
1. 고대의 문화	고대인의 자취와 멋	고분과 고분벽화	장군총	고구려는 초기에 주로 돌무지무덤을 만들었으나 점차 굴식돌방무덤으로 바꾸어갔다. 돌을 정밀하게 쌓아올린 돌무지무덤은 만주의 집안 일대에 1만 2000여 개가 무리를 이루고 있다. *다듬은 돌을 계단식으로 7층까지 쌓아올린 장군총이 대표적인 무덤이다.*	251	B C
			무용총, 사신도의 벽화	무용총의 사냥 그림과 강서대묘의 사신도에서 고구려 사람들의 패기와 진취성을 엿볼 수 있다.	251	A
			무령왕	벽돌무덤은 중국남조의 영향을 받은 것으로 완전한 형태로 발견된 무령왕릉이 유명하다. 사비시기의 고분은 규모가 작지만 세련된 굴식 돌방무덤을 만들었다. 백제의 돌방무덤과 벽돌무덤에도 벽과 천장에 사신도와 같은 그림을 그려 넣기도 하였다. 이런 그림은 고구려의 영향을 받기는 하였으나 보다 부드럽고 온화한 기풍을 나타내고 있다.	252	B C

장군총의 경우, 돌을 정밀하게 쌓아올린다는 것과 돌을 다듬어서 7층까지 쌓았다는 서술을 미학의 기술적 특성 조사 단계로 볼 수 있고, 무덤양식의 변화과정을 통해 미술사의 서술을 볼 수 있다. 그리고 무용총과 사신도 벽화는 고구려 사람들의 패기와 진취

만 어떤 시대적 상황이나 사건을 서술하기 위해 여러 예술품을 예로 제시하는 경우도 있다. 후자의 경우에 해당되는 예술품들은 하나로 취급하였다.

17 '부록'에 이 분석을 모두 수록하였다

성을 느낄 수 있다는 서술에서 작품에 대한 반응을 알 수 있으므로 미술비평으로 분류하였다. 무령왕릉의 경우는 "중국남조의 영향을 받았다"와 "고구려의 영향을 받았다"는 서술에서 무령왕릉이 만들어진 시기의 이웃나라와 영향관계를 알 수 있다. 그리고 부드럽고 온화한 기풍이 나타난다는 서술은 미술비평 중 작품에 대한 반응이라고 볼 수 있다.

이런 식으로 분석하여 나타난 결과를 **표2**로 정리하였다.

표2에 의하면, 미술비평, 미학, 미술사 분야 중 고대의 경우 한 분야만 서술한 경우는 15개, 두 분야는 10개, 세 분야는 4개가 있다. 중세는 한 분야만 서술한 경우는 6개, 두 분야는 8개, 세 분야 모두 서술한 경우는 없고, 근세의 경우 한 분야는 1개, 두 분야는 5개, 세 분야 모두를 서술한 경우는 없다. 조선후기의 경우는 한 분야는 2개, 두 분야는 2개, 세 분야를 고루 서술한 경우도 2개였다. 미술비평(A)과 미학(B) 분야를 예술성으로 보기에 둘 중 하나에 미술사(C)가 더불어 서술된다면 예술성과 역사성이 함께 서술된 것으로 볼 수 있다. 따라서 예술성과 역사성을 갖추지 못한 서술은 고대 18개, 중세 8개, 근세 3개, 조선후기 2개로 전체 55개 예술품 중 31개가 이에 해당하며, 56퍼센트를 차지한다. 이렇게 본다면, 예술품 서술의 절반 이상이 예술성과 역사성이 고루 서술되지 못했다는 점을 알 수 있다. 한편, 미술비평은 고대 24개, 중세 9개, 근세 6개, 조선후기에 3개가 나타났다. 미학은 고대 8개, 중세 2개, 근세 2개, 조선후기 3개로 보였고, 미술사는 고대 13개, 중세 11개, 근세 3개, 조선후기에 6개가 나타났다. 미술비평이 총 42개, 미학이 15개, 미술사가 33개로 미술비평의 수가 가장 많고 미술비

표 2 각 시대별 예술품 서술관점

	고대(29)	중세(14)
예술품	1. 장군총(B C) 2. 무용총과 사신도의 벽화(A) 3. 무령왕릉(A C) 4. 정혜공주묘(A B) 5. 돌사자상(A) 6. 정효공주묘(C) 7. 안학궁(C) 8. 황룡사(A C) 9. 미륵사(A C) 10. 미륵사지 석탑(A) 11. 정림사지 5층 석탑(A) 12. 분황사탑(B) 13. 불국사(A B C) 14. 석굴암(A B) 15. 안압지(A B C) 16. 감은사지 3층 석탑(A C) 17. 석가탑과 다보탑(A B C) 18. 양양 3층 석탑(C) 19. 고구려 연가 7년명 　　금동여래입상(A B C) 20. 서산 마애삼존불(A) 21. 배리 석불입상(A) 22. 미륵 반가사유상(A) 23. 석굴암 본존불상(A C) 24. 무열왕릉비 받침돌(A) 25. 석등(A) 26. 발해 석등(A) 27. 성덕대왕 신종(A B) 28. 광개토대왕릉 비문(A) 29. 화엄경 변상도(A C)	1. 초조대장경(A C) 2. 속장경(C) 3. 팔만대장경(A C) 4. 상정고금예문과 　　직지심체요절(A C) 5. 개성 만월대의 궁궐터(A B) 6. 현화사와 흥왕사(A) 7. 봉정사 극락전과 　　부석사 무량수전(A B) 8. 성불사 응진전(C) 9. 개성 불일사 5층 석탑과 　　월정사 8각 9층탑(A C) 10. 경천사 10층 석탑(C) 11. 고달사지 승탑과 　　지광국사 현묘탑(A C) 12. 부석사 소조아미타래좌상(A C) 13. 광주 춘궁리 철불(C) 14. 논산의 관촉사 석조 미륵보살입 　　상과 안동 이천동 석불(C)

근세(6)	조선후기(6)
1. 경복궁과 창덕궁과 창경궁(A C) 2. 무위사 극락전과 팔만대장경장경 　　판고와 원각사지 10층 석탑(A C) 3. 경주의 옥산서원과 　　안동의 도산서원(A C) 4. 몽유도원도(A B) 5. 고사관수도(A B) 6. 송화보월도(A)	1. 인왕제색도와 금강전도(A B C) 2. 밭갈이와 추수와 씨름과 서당(A B C) 3. 금산사 미륵전과 화엄사 각황전과 　　법주사 팔상전(B C) 4. 논산 쌍계사와 부안 개암사와 　　안성 석남사(C) 5. 수원 화성(C) 6. 경복궁의 근정전과 경회루(A C)

평과 미학을 예술성이라고 본다면 그 수는 미술사에 비해 압도적이다. 언뜻 본다면, 예술품에 대한 서술의 대부분은 예술성에 치우쳤다고 보아야 할 것 같다. 좀 더 자세히 세 분야 간의 관계를 알아볼 필요가 있기에 각 분야마다 자주 나오는 서술들을 묶어 유형화를 해보았다.

미술비평은 두 가지 범주로 유형화가 가능하다. 먼저, 국사교과서 안의 예술품에 대한 반응을 말하는 경우가 있다.

① 무용총의 사냥 그림과 강서대묘의 사신도에서 고구려 사람들의 패기와 진취성을 엿볼 수 있다.
② 돌사자상은 매우 힘차고 생동감이 있다.

①은 사냥하는 그림을 본 반응이 패기가 있고 진취적이었다는 것을, ②는 돌사자상에서 힘차고 생동감을 느꼈다는 말이다.

다음으로는 예술품에 대한 전반적인 평가나 판단이 들어간 서술이 있다.

③ 정혜공주 묘는 굴식돌방무덤으로… 고구려 고분과 닮았다.
④ 안압지는 통일신라의 뛰어난 조경술을 잘 나타내고 있다.
⑤ 팔만대장경은 (…) 세계에서 가장 우수한 대장경으로 꼽힌다.

③의 경우는 저자가 굴식돌방무덤의 어떤 면을 보고 고구려의 고분과 닮았다는 나름의 판단을 하고 있고 ④는 신라 안압지를 보고 신라인들은 뛰어난 조경술을 가지고 있다고 평가하고 있다. ⑤는 대

장경을 보고 고려 인쇄술이 훌륭하고 우수하다는 평가를 내렸다.

미학은 세 가지 범주로 분류되었는데, 먼저 예술품을 만드는 데 사용된 재료와 그 재료의 느낌을 살려주는 서술을 들 수 있다.

⑥ 돌을 정밀하게 쌓아올린 돌무지무덤은 (…) 다듬은 돌을 계단식으로 7층까지 쌓아올린 장군총이 대표적인 무덤이다.

⑦ 분황사탑은 석재를 벽돌모양으로 만들어 쌓은 탑으로 지금은 3층까지만 남아 있다.

⑥은 장군총을 만들 때 사용된 돌이라는 재료와 그 돌을 다듬어서 사용했다는 점, 그리고 정밀하게 단계식으로 쌓아올려 만들었다는 것을 말해준다. ⑦은 돌 재료를 벽돌 모양으로 해서 탑을 쌓았다는 것을 보여주고 있다.

미학의 두 번째 범주는 예술품을 이루는 부분들의 구성요소나 구성원리에 관한 서술이다.

⑧ 안압지의 연못, 인공섬, 구릉과 건물들은 매우 자연스럽게 어울리도록 꾸며졌다. 특히 연못 쪽으로 건물을 돌출시켜 연못을 잘 볼 수 있게 만들었고 다른 방향에서 건물을 바라볼 때도 변화 있는 경관을 이루게 하였다.

⑨ 석등은 (…) 팔각의 단 위에 중간이 약간 볼록한 간석 및 그 위에 올린 창문과 기왓골이 조각된 지붕은 …

⑧은 안압지를 구성하고 있는 요소들에 연못, 인공섬, 구릉, 건

물들이 있다는 점을 말해주고, 이들이 서로 어떻게 배치되어 있는지에 대해 서술하고 있다. ⑨의 경우 석등의 구조를 구성요소들을 이용하여 설명하는데, 팔각 단 위의 간석, 그 위의 창문과 지붕이 있다는 것을 서술하고 있다.

미학의 세 번째 범주는 예술품이 주는 감정적·표현적 특성을 서술한 경우이다.

⑩ 안견의 대표작은 〈몽유도원도〉는 자연스러운 현실세계와 환상적인 이상세계를 능숙하게 처리하고 대각선적인 운동감을 활용하여 구현한 걸작이다.

⑪ 〈고사관수도〉는 (…) 세부묘사는 대담하게 생략하고 간결하고 과감한 필치로 인물의 내면세계를 ……

⑩은 대각선적 운동감이 느껴지는 작품으로서 〈몽유도원도〉를 서술하고 있고 ⑪ 〈고사관수도〉 역시 필치에 대한 감정적 표현들, 대담하고 간결하고 과감한 필치의 기법 등이 보이는 작품으로서 그림을 읽을 수 있다. 즉 작가들의 생각이 재료나 기법으로 나타난 것이다.

마지막으로 미술사의 경우는 세 가지 범주로 나눌 수 있다. 먼저 예술품 자체가 가지고 있는 역사적 의미를 보여주는 서술이다.

⑫ 안학궁은 (…) 고구려 남진정책의 기상이 보인다.

⑬ 황룡사는 6세기에 진흥왕이 세운 것으로 당시의 팽창 의지가 반영된 것으로 보인다.

⑫ 안학궁이 지니는 역사적 의미는 고구려의 남진정책에 일조를 한 것이고 ⑬ 황룡사를 세운 것은 6세기 신라의 팽창 의지가 반영된 의미를 지니고 있다고 볼 수 있다.

다음으로 예술품을 통해 알 수 있는 영향관계에 대한 서술이다.

⑭ 벽돌무덤은 중국남조의 영향을 받은 것으로 완전한 형태로 발견된 무령왕릉이 유명하다.

⑮ 고려 후기에는 다포식 건물도 등장하여 조선시대 건축에 큰 영향을 끼쳤다.

⑭는 벽돌무덤이 중국남조의 영향을 받은 것을, ⑮는 고려 후기 다포식 건물이 조선시대에 영향을 미쳤다는 것을 알려준다.

마지막으로 예술품으로 당시 사회의 모습이나 상황을 파악할 수 있는 서술이다.

⑯ 현종 때는 거란의 침입을 받았던 고려는 부처의 힘을 빌려 이를 물리치려고 대장경을 간행했다.

⑰ 17세기 건축으로는 금산사 미륵전, 화엄사 각황전, 법주사 팔상전 등을 대표로 꼽을 수 있다. 이것들은 모두 규모가 큰 다층 건물로 내부는 하나로 통하는 구조를 가지고 있는데, 불교의 사회적 지위 향상과 양반 지주층의 경제적 성장을 반영한다.

⑯은 거란의 침입을 받아 대장경이 간행되었다는 것과 당시 불교의 힘으로 외적을 물리치려고 하는 호국불교의 성격이 있다는 것

을 보여주고, ⑰은 이런 불교 건축들이 만들어진 것은 불교의 지위가 어느 정도 향상되었음을 알려준다. 불교 건축을 만들 때 경제적으로 양반지주들이 후원을 했다는 것으로 보아 당시의 지배층을 알수 있고 불교의 지위가 17세기 전에는 위축되었다는 것도 알 수 있다.

이상에서 보면, 미술비평은 주로 '경쾌하다', '씩씩하다' 등 예술품에 대한 반응을 다룬 서술이 주류를 이루고 '우수하다', '세계 최고다', '독창적이다' 등의 저자 평가가 들어간 서술이 많다. 미학은 예술품을 만드는 재료와 그 재료 사용에 대한 서술, 예술품의 구성요소 및 구성원리에 대한 서술, 그리고 예술품이 주는 감정적·표현적 특성 등으로 범주화할 수 있다. 마지막, 미술사의 경우는 예술품 자체의 의의, 예술품의 영향관계, 그리고 당시 사회상황으로 유형화가 가능하다.

이를 바탕으로 보면, 미술비평은 전 시기에 걸쳐 가장 많이 보이는 서술로, 특히 고대의 경우는 예술품에 대한 반응을 보여주는 서술이 많다. '패기와 진취성', '부드럽고 온화한 기풍', '힘차고 생동감 있는', '안정적이며 경쾌한', '세련된', '장엄하고 웅대한' 등 주로 고대의 예술품에서는 자주 볼 수 있으나 중세, 근세, 조선후기로 올수록 그 횟수가 줄어든다. 고대를 제외한 시기에는 "세계에서 가장 우수한 대장경으로 꼽힌다" 등 저자의 판단이나 평가가 들어간 서술들이 더 잘 보인다. 석굴암이나 불국사 등 고대 예술품에 여전히 저자의 판단과 평가에 관한 서술이 있다는 점을 감안한다면, 이들 서술이 늘어났다기보다는 예술품에 대한 반응을 나타내는 서술이 줄어들었다고 할 수 있다. 미학의 경우 전체적으로 수가 가장 적은데, 고대에 주로 집중되어 있다. 안압지, 석굴암 본존 불상 등에 대한 예술적 가치를 강조하기 위해 미학적 원리가 길게 서술되었는데, 미학 중에서는 예술품의 구성원리나 구성요소들에 대한 언급이 많다. 반면 역사성을 보여주는 서술은 고대에는 13 개(44%)를 찾을 수 있다. 그러나 중세(79%), 근세(50%), 조선후기 (100%)로 올수록 그 수는 늘어난다. 특히 조선후기의 경우 6개 예술품 모두에서 볼 수 있다. 한 분야만 서술된 경우 예술성보다 역사성 위주의 서술이 주가 되고 있다. 즉 고대를 제외한 시대의 예술품에 대한 서술은 최소한 역사성이 예술성보다 뒤지지 않고 예술성보다 더 많다는 것을 알 수 있다. 아울러 고대는 주로 예술품이 가지고 있는 역사적 의미나 의의가 자주 보이나, 그 이후로 갈수록 당시 사회를 파악할 수 있는 상황들에 대한 서술이 많다.

요컨대, 고대에는 미술비평 중에서 예술품에 대한 반응을 보여주는 예술성 위주의 서술이 많고 미학이 많이 분포되어 있는 반면, 역사성 위주의 서술이 별로 눈에 띄지 않았다. 역사성 중에서도 예술품 자체가 지니는 의미에 관한 서술이 주류를 이루었다. 그러나 그 이후로 올수록 예술품에 대한 반응을 보여주는 서술이 점차 줄어들었고 역사성을 보여주는 서술이 늘어갔으며, 특히 예술품을 둘러싼 사회적 상황을 보여주는 서술이 많아지고 있었다.

앞에서 살펴보았다시피, 현재 국사교과서의 미술사에 대한 비판의 목소리가 높은 이유 중 하나는 예술성이 차지하는 비중이 역사성을 보이는 서술보다 많기 때문이었다.[18] 그러나 여기에서 보면

---

18 이향숙, 앞의 글, 91쪽; 양정현, 앞의 글, 169~171쪽; 전국역사교사모임, 앞의 책, 165쪽.

모든 시대에 걸쳐 예술적 서술이 전적으로 많은 것만은 아니다. 고대사 부분에 유독 예술적 관점이 많았지만 그 이후로 갈수록 역사적 관점을 보이는 서술 역시 증가하여 예술성과 역사성이 엇비슷하거나 오히려 역사성이 더 잘 드러나는 부분도 있다. 그러므로 기존의 비판은 고대 부분에 국한된 것이라고 볼 수 있다.

왜 고대 부분에 유독 예술적인 서술이 많은 것일까? 이는 역사성을 서술할 만한 연구성과물이 축적되지 못했고, 사료의 부족으로 정확한 해석을 하지 못해 여러 학설이 존재하고 있기 때문이다. 예로 통일신라시대의 대표적인 예술품인 석굴암은 관련 자료가 부족하기 때문에 창건 당시 역사적 의미나 사상적 의미에 대해 정확한 실상을 알기 어렵다. 그래서 건축사나 미술사의 도움을 받는 경우가 많다.[19] 반면, 수원 화성의 경우는 화성성역의궤의 기록을 통해 성벽 쌓는 기술과 방법, 사용했던 기구, 완성하는 데 걸린 기간과 화성 축성에 참여했던 사람들의 이름까지 꼼꼼히 적어놓았기에 당시의 역사적 상황은 물론, 기술과 지리를 연구하는 데도 좋은 자료가 되고 있다. 역사성 서술 중 고대 이후로 갈수록 당시 사회를 파악할 수 있는 서술들이 많다는 것이 이를 뒷받침해준다. 물론, 고대 예술품에 대한 연구가 주로 미술사나 건축사에 의존한다고 하지만 예술품에 대한 다양한 역사적 해석들 또한 존재하고 있다. 석굴암의 경우도 확연한 답을 얻지는 못했지만 조성된 유래나 의미 그리고 근거가 되는 사상에 대한 다양한 의견들이 제기되면

---

19 박찬홍, 〈석굴암에 대한 연구사 검토〉, 《신라문화재학술발표회논문집》 21, 2000, 36쪽.

서 일명 '석굴학'이라고 이를 만큼 많은 학설이 쏟아지고 있다.[20] 그러나 건축사나 미술사의 성과를 수용하여 석굴암의 예술적 가치에 역점을 두거나, 여러 역사적인 학설들에 대한 논란의 소지를 줄이기 위해 역사적 서술보다는 예술적 서술이 위주가 되고 있는 듯하다.

4. 예술성과 역사성이 결합된 미술사 서술을 위한 제안

예술성이 강한 서술에 역사적 관점을 가진 서술만 덧붙이면 학생들은 예술품 자체를 잘 파악한 다음, 그 안에 구현된 사회적·문화적 상황에 대해 더 깊이 있게 이해할 수 있을까? 현재 제시된 국사교과서 서술을 볼 때 이는 거의 이루어질 수 없다고 생각한다. 단순히 예술품의 역사성을 구현하지 못하기 때문이 아니라, 예술성과 역사성이 유기적으로 결합되어 있지 않기 때문이다. 즉 '왜 그렇게 되었는지', '어떻게 그렇게 되었는지'에 대한 서술 없이 비약된 부분이 많기 때문에 서술들이 단편적으로 나열되고 있다. 먼저, 미술비평, 미학, 미술사의 세 분야를 다 보여주는 고대 안압지와 조선후기 〈인왕제색도〉, 〈금강전도〉에 관한 서술을 예로 보면 다음과 같다.

① 안압지는 통일신라의 뛰어난 조경술을 잘 나타내고 있다. 안압지의 연못, 인공 섬, 구릉과 건물들은 매우 자연스럽게 어울리도

---

20 박찬홍, 위의 글, 200~206쪽.

록 꾸며졌다. 특히, 연못 쪽으로 건물을 돌출시켜 연못을 잘 볼 수 있게 만들었고 다른 방향에서 건물을 바라볼 때도 변화 있는 경관을 이루게 하였다. 여기에서는 귀족들의 화려한 생활을 짐작할 수 있는 많은 유물들이 발굴되었다.

'안압지가 뛰어난 조경술을 나타낸다'는 미술비평을, '연못, 인공섬, 구릉과 건물들이 자연스럽게 어울린다'와 '건물을 돌출시켜 연못을 볼 수 있게 하고, 다른 방향에서 건물을 바라 볼 때도 변화 있는 경관을 이루었다'의 건물 배치 모습은 미학을, '귀족들의 화려한 생활을 짐작할 수 있는 유물들이 발굴되었다'는 미술사로 볼 수 있다.

② 진경산수화를 개척한 화가는 18세기에 활약한 정선이었다. 그는 서울 근교와 강원도의 명승지를 두루 답사하여 그것을 사실적으로 그려냈다. 정선은 대표작인 〈인왕제색도〉와 〈금강전도〉에서 바위산은 선으로 묘사하고 흙산은 묵으로 묘사하는 기법을 사용하여 산수화의 새로운 경지를 이룩하였다.

'진경산수화를 개척한 화가는 18세기 활약한 정선이었다'는 미술사를, '바위산은 선으로 묘사하고 흙산은 묵으로 묘사하는 기법을 사용하였다'는 미학을, 그리고 '산수화의 새로운 경지를 이룩하였다'는 미술비평을 보여준다. 그런데 이 두 서술에 보이는 세 분야는 유기적 관련성이 없어 보인다. ①의 경우 미술비평과 미학은 서로 연관되어 있다고 할 수 있을지라도 역사적 의미를 서술하고 있는 부분과는 관련을 맺지 못하고 있다. 즉, 안압지의 조경술이 뛰어난 이유는 안압지를 구성하는 요소들이 자연스럽게 어우러져 있고 건물 배치도 변화 있는 경관을 이루고 있기 때문이라고 할 수 있다. 그러나 안압지의 이런 모습이 귀족들의 화려한 생활과 어떤 관계를 보여주는지는 나타나지 않는다. 유물들을 제시하여 귀족들의 생활상과 연관시켰으면 어땠을까? 안압지의 서술에는 안압지가 귀족들의 화려한 생활과 '어떻게' 연결되었는지는 생략되어 있다.

②는 정선의 대표작인 〈인왕제색도〉, 〈금강전도〉에서 보이는 바위산은 선으로, 흙산은 묵으로 묘사하는 기법을 사용하여 새로운 개념의 산수화, 즉 진경산수화를 완성했다는 것을 말해준다. 〈인왕제색도〉와 〈금강전도〉는 정선이 그린 그림 중 진경산수화의 대표작이다. 진경은 실제 경치뿐만 아니라 작가가 경치를 보고 느낀 감동과 환희까지 그림 속에 솔직하게 표현한 그림을 말한다. 정선의 진경산수화에 일반적으로 나타나는 미적 원리는 화면 가득 풍경을 채우는 구성, 주제가 되는 대상을 근경에 확대하는 방식, T자형의 소나무 표현 등이라고 할 수 있다.[21] 그러나 이와 관련된 서술은 살펴볼 수 없다. 단순히 바위산과 흙산을 그리는 기법이 진경산수화의 일반적 특징도 아니고, 이 기법으로 인해 작가의 내면 느낌을 알 수 있는 것도 아니다. 그리고 진경산수화가 나타나게 된 의미나 당대의 모습 혹은 영향 등도 알 수 없다. 미술비평, 미학, 미술사 각 분야의 서술 사이에 연관성은 보이지 않는다. 두 분야가 보

---

21 박차지연,《청소년을 위한 한국미술사》, 두리미디어, 2005, 175~177쪽.

일 때는 어떨까? 먼저 미술비평과 미술사로 이루어진 서술을 보면 다음과 같다.

> ③ 황룡사 서술의 경우는 6세기에 진흥왕이 세운 것으로 당시 팽창 의지가 반영되었다 황룡사에는 7세기에 건립된 거대한 9층 목탑이 중심을 잡고 있어 대단히 웅장했으리라 짐작된다.
>
> ④ 현종 때 거란의 침입을 받았던 고려는 부처의 힘을 빌려 이를 물리치려고 대장경을 간행하였다. 70여 년의 오랜 기간 동안 목판에 새겨 간행한 이 초조대장경은 개경에 보관하였다가 대구 팔공산 부인사로 옮겼는데, 몽고 침입 때 불타 버리고 일부가 남아 고려 인쇄술의 정수를 보여주고 있다.

서술 ③에서도 황룡사는 6세기 진흥왕이 세워 팽창 의지가 반영되었다고 말하고 있으나 이 팽창 의지가 구체적으로 어떤 것인지 모른다. 그리고 앞 서술과 전혀 연관 없이 황룡사는 거대한 탑으로 웅장했다고 말하고 있다. ④의 경우는 당시 시대적 상황을 보여주는 역사성과 저자의 판단이 들어간 미술비평이 들어가 있다. 그러나 이 둘은 잘 연결되지 않는다. 초조대장경은 거란이 침입해서 간행했고 그 후 몽고침입 때 불탔다는 내용과 이 대장경이 고려 인쇄술의 정수를 보여준다는 서술은 전혀 관련이 없다. 왜 고려 인쇄술의 정수를 보여주는지에 대한 설명이 생략되었다.

한편, 미학과 미술사로 이루어진 서술은 거의 찾아보기 힘들다. 조선후기 건축물을 소개하는 데 하나가 나온다.

⑤ 17세기의 건축으로는 금산사 미륵전, 화엄사 각황전, 법주사 팔
상전 등을 대표로 꼽을 수 있다. 이것들은 모두 규모가 큰 다층
건물로 내부는 하나로 통하는 구조를 가지고 있는데 불교의 사
회적 지위 향상과 양반 지주층의 경제적 번영을 반영하고 있다.

서술 ⑤에서는 건축물들의 내부가 하나로 통하는 구조를 가졌
다는 건축물의 구성원리를 보여주는 미학서술 바로 다음에 이 건
축물은 불교의 지위향상을 보여주고 양반 지주층의 경제적 번영
을 보여준다는 역사적 서술이 나온다. 그런데, 내부가 하나로 통하
는 구조와 불교의 지위 향상은 아무런 상관관계가 없다. 거기에 왜
이 건축물들이 불교의 사회적 지위 향상을 보여주고 양반지주층
의 경제적 번영을 보여주는 것인지는 서술되어 있지 않다. 이와 같
은 서술은 학생들을 어리둥절하게 만들 수밖에 없다. 현행 국사교
과서는 예술품에 관한 사진이나 그림이 제시된 경우도 있지만 그
렇지 않은 경우도 많다. 이런 경우 서술에 전적으로 의지해야 하는
데, 예술품의 생김새, 규모, 재질 등을 모른 채, 그리고 이 작품이
어떻게 만들어졌는지, 왜 만들어졌는지도 모른 채, '아름답다', '힘
차다'라는 식의 평가는 국사교과서를 암기과목으로 만들 수밖에
없다.

반면, 두 분야를 나타내고 있지만 미술비평과 미학만으로 이루
어진 경우는 위와 다르게 나타나고 있다.

⑥ 현존하는 목조건물들은 균형 잡힌 외관과 잘 짜여진 각 부분의
치밀한 배치로 고려시대 건축의 단아하면서도 세련된 특성을 잘

드러내고 있다. (봉정사극락전, 부석사무량수전, 수덕사 대웅
전)

⑦ 궁궐 건축은 개성 만월대의 궁궐터를 통해서 웅대한 모습을 살
필 수 있다. 도성안의 궁궐은 경사진 면에 축대를 높이 쌓고 경
사진 면에 건물들을 계단식으로 배치하였기 때문에 건물들이 층
층으로 나타나 웅장하게 보였다.

⑥은 고려시대 건축의 특징은 단아하고 세련되었다는 미술비평
과 건축들을 이루는 부분들이 잘 짜였고 배치가 치밀하며 외관은
균형이 잡혀 있다는 미학으로 이루어졌다. 이 경우 고려시대 건축
은 잘 짜이고 배치가 치밀하며 균형이 잘 잡혀진 외관 때문에 단아
하고 세련되어 보인다는 서술로 서로 잘 연결되어 있다.

⑦의 경우도 개성 만월대 궁궐터가 웅대한 이유는 경사가 진면
에 축대를 쌓고 건물을 계단식을 배치하여 중층으로 보이기 때문
이라고 하여 서술상의 연관관계가 충분하다. 그러나 위 두 서술은
궁극적으로 건축물 자체가 단아하고 세련되었거나 웅장하다는 것
이상의 역사적 의미를 찾을 수 없다.

요컨대, 미술비평과 미학 분야로 이루어져 예술성만을 보이는
서술은 유기적인 연관을 보이나 역사적인 의미가 없어 균형 잡힌
서술이 되지 않고, 역사성과 예술성이 결합된 서술은 두 서술간의
유기적인 연관성을 찾아볼 수 없었다.

그렇다면, 예술성과 역사성을 어떻게 유기적으로 연결시킬 수
있을까? 일반적으로 학생들은 교과서 안의 예술품에 대한 사진이
나 그림을 통해 예술품을 보고 서술을 읽으면서 그림 속의 예술품

과 서술이 비슷한지, 다른지를 인식한다. 그리고 역사적 관점을 유지한 서술을 읽으며 예술품이 지니는 역사성을 찾을 것이다. 한편, 예술성과 역사성이 상호 관련을 맺고 있는 서술을 보면서 '이렇게 해서 이런 상황이 되었구나'라는 것을 이해하거나 추론할 것이다. 따라서 예술품의 형식, 도해, 재료가 어떤지, 그리고 이들의 모습이 전체적으로 어떠한지를 보여준 다음, 어떻게 변했는지, 왜 변해갔는지에 대한 서술을 당시 상황과 어우러지게 서술해준다면 '이런 양식의 변화로 인해 당시 이런 변화가 일어났겠구나'라는 것을 학생들이 자연스럽게 파악할 수 있을 것이다. 예로 도자기의 경우, 상감기법과 분청기법이 무엇인지 서술해 주고 엄밀하고 정확한 노력이 필요하여 일부 장인을 제외하면 제작하기 어려운 상감기법이 일반인도 어느 정도 제작할 수 있는 분청기법으로 바뀌어갔다는 기법의 변화를 서술하면 기법 차이를 보고 자연스럽게 이렇게 변할 수밖에 없다는 것을 알 수 있을 것이다. 그리고 다음에 일어날 현상, '쉬우니 많은 사람들이 만들 수 있었다', '많은 이가 만들 수 있었으므로 전국적으로 도요지가 많았다', '서민들도 많이 사용하였다' 등의 당시 상황을 보여주는 역사적 서술이나 '자유롭게 제작되어 활달하고 구김살 없는 자유분방한 멋을 풍길 수 있었다'[22]와 같은 미술비평을 서술한다면 기법, 기법 변화, 영향, 멋 등이 유기적으로 관련을 맺으며 서술될 것이다. 이런 서술은 교과서에 가끔 보이기도 한다. "고구려 연가 7년명 금동여래입상은 두꺼운 의상과 긴 얼굴 모습에서 북조양식을 띠고 있으나 강인한 인상과 은

---

22 강경숙, 《한국도자사》, 일지사, 2001, 268쪽.

은한 미소에는 고구려의 독창성이 보인다"의 경우가 그러하다. '두꺼운 의상과 긴 얼굴'에서 미학을, '북조양식을 보인다'는 주변국과의 영향관계인 역사적 요소로 볼 수 있다. 그리고 '강인한 인상과 은은한 미소에는 고구려의 독창성을 보인다'에서 미술비평을 찾을 수 있다. 고구려 연가 7년명 금동여래입상은 두꺼운 의상과 긴 얼굴의 모습을 하고 있는데, 이런 모습은 역사적으로 북조의 영향을 받은 양식이고, 강인한 인상과 은은한 미소는 고구려만의 독창적 양식이라고 할 수 있다. 짧은 문장이지만 세 분야가 서로 유기적으로 연결되어 있다. 교과서가 한정된 지면에 많은 내용을 수록하기 때문에 비약적인 서술이 이루어질 수밖에 없다고 하지만, 조금만 관심을 기울인다면 예술성과 역사성이 유기적으로 연관을 보이는 서술을 할 수 있다는 예를 보여준다.

국사교과서의 미술사 관련 글들을 보면 예술성을 많이 강조한다는 비판이 으레 나온다. 따라서 이 글에서는 예술품에 대한 서술들 중 예술성과 역사성의 비중이 어느 정도 되는지를 더 심층적으로 살펴보고자 하였다. 양적인 비중분석과 아울러 예술성과 역사성 서술이 어떤 관계를 맺으며 서술되고 있는지도 알아보았다. 이를 위해 DBAE를 구성하고 있는 미술비평, 미학, 미술사를 수용하여 국사교과서의 예술품에 대한 서술들을 분석했다. 그 결과 교과서 안의 예술품 중 절반 이상이 예술성과 역사성을 고루 서술하지 못했다는 것을 알았다. 한 분야로만 서술되거나 두 분야로 서술된 경우는 미학과 미술비평 위주의 서술로만 이루어진 경우가 56퍼센트나 되었다.

미술비평, 미학, 미술사를 더 세부적으로 유형화하여 살펴보았다. 미술비평 분야는 예술품에 대한 반응을 서술하거나 저자의 판단과 평가를 서술하는 경우로 분류하였다. 그리고 미학은 예술품의 재료와 재료의 특징, 예술품을 이루는 구성요소와 구성 원리, 그리고 예술품의 표현적·감정적 특성으로 나누었다. 미술사는 예술품 자체가 가지는 역사적 의미, 상호영향관계, 그리고 당대의 상황을 파악할 수 있는 서술들로 분류하였다. 이들은 시대별로 서술 유형이 조금씩 달라졌는데, 고대는 주로 예술성 위주의 서술이 나타났다. 특히, 예술품에 대한 반응의 서술을 많이 발견할 수 있었다. 미학의 경우는 모든 시대에 걸쳐 가장 적게 나타났고 구성원리와 구성요소 배치에 관한 서술들이 주를 이루었으며 미술사는 고대보다 중세, 근세, 조선후기로 올수록 그 수가 많아졌다. 특히 미술사의 경우, 고대는 주로 예술품 자체가 지니는 역사적 의미가 많았던 반면, 이후로 올수록 당시 시대적 상황을 반영해주는 서술들을 많이 발견할 수 있었다. 이렇게 본다면, 기존의 글들에서 말한 예술적 관점에 치우쳐 서술되어 있다는 비판은 고대에 한정된다. 고대는 예술품에 대한 서술이 가장 많은 시기이고 작품의 반응에 관한 서술이 많아 예술성에 치우치고 있다는 인상이 강해 이런 비판이 가해진 듯하다.

오히려 이보다 더 문제가 된 것은 예술성과 역사성을 보이는 서술들이 유기적으로 결합되지 못하고 비약적으로 서술되고 있다는 점이다. 요컨대, '왜 그렇게 되었는지' 혹은 '어떻게 그런 식으로 변해갔는지'라는 서술이 보이지 않았다. 이는 학생들로 하여금 예술품에 관한 서술은 암기해야 한다는 생각을 하게 한다. 학생들은 예술품에 대한 사진을 보고 미학이나 미술비평에 관한 서술을 읽은 다음 스스로 느낀 것과 서술과의 동일 여부를 결정하고, 예술성과 역사성이 상호 관련을 맺고 있는 서술을 보면서 '이렇게 해서 이런 상황이 되었구나'라는 것을 이해하거나 추론할 것이다. 따라서 예술품의 형식, 도해, 재료가 어떤지, 그리고 이들의 모습이 전체적으로 어떠한지를 보여준 다음, 어떻게 변했는지, 왜 변해갔는지에 대한 서술을 당시 상황과 어우러지게 서술해준다면 학생들이 예술품을 이해하는 데 많은 도움을 받을 것이다.

참고문헌

강우방, 《인문학의 꽃 미술사학, 그 추체험의 방법론》, 열화당, 2003.

엘리엇 아이스너, 김인용·김대현 역, 《학문기초 미술교육운동》, 학지사, 1997.

윤용이·유홍준·이태호, 《국사 교과서 미술부분, 전면 고쳐 써야 한다》, 역사비평사, 1989 봄호.

일본교과서바로잡기운동본부, 《한국사교과서의 희망을 찾아서》, 역사비평사, 2003.

전국역사교사모임, 《미술로 보는 우리 역사》, 푸른나무, 1992.

조요한 외, 《미술사학》, 민음사, 1989.

한국미술사학회 편, 《문화사와 미술사》, 일지사, 1996.

Shaver, James P. (ed.) *Handbook of Research on Social Studies Teaching and Learning*, N.Y.: Macmillan, 1991.

Slate, John, *Teaching History in the New Europe*, CASSELL, 1995.

김대열·백인현·구권환·박홍순, 〈DBAE 미술교육운동과 연계한 제7차 미술교육과정의 효율적인 지도방안〉, 《공주교대논총》 38-1, 2001.

김황기, 〈DBAE: 어제와 오늘(Ⅱ)〉, 《미술교육논총》 15, 2002.

박종미·노용, 〈DBAE프로그램의 개발과 교육적 효과〉, 《교육과학연구》 34-1, 2003.

박찬홍, 〈석굴암에 대한 연구사 검토〉, 《신라문화재학술발표회논문집》 21, 2000.

박휘락, 〈비평적, 역사적, 심미적 감상교육론〉, 《대구교육대학교 논문집》 29, 1994.

양정현, 〈중등학교 국사 교과서에서 미술부분의 서술과 교육문제〉, 《제37회 전국역사학대회 자료집》, 1994.

이향숙, 〈중학교 국사 교과서 삼국시대 미술분야 내용의 변천〉, 《역사교육연구》 2, 2006.

이정희, 〈미술교육에서의 DBAE 교육방법의 적용〉, 《교육연구》 1-1, 1999.

[〈임진왜란〉 단원의 수사적 표현 분석][1]

각 수사를 표시한 글자 모양 및 글씨체			
강조적 표현	확신적 표현	*추측적 표현*	**평가적 표현**

제1차 교육과정: 《국사》(최남선 저, 1956년)		
소단원	서술 내용	수사적 표현
임진왜란	세종 때에 삼포를 열어서 왜인에게 생업의 길을 터 준 뒤에 **왜구가 잠잠하고 간혹 소동이 있었으나** 큰 일에 이르지 않았다.	평가적 표현
	그런데 선조 때에 일본에 **히데요시란 효웅**이 나서 오랫동안 분할 상태에 놓여 있던 국내를 통일하고 **이욕과 공명심에 끌려서 명나라를 들이치겠으니** 그 가는 길을 빌리라고 하면서 군사 20만으로써 우리 부산에 침입하였다	평가적 표현
	우리나라에서는 **미리 이 일을 걱정하였으나** 당파 관계로 조정의 의론이 일치하지 아니하여 **미처 방비를 다하지 못하고 갑자기 일을 당하였고** 또한 일본군은 조총이라는 새 무기를 가진 데 대하여 우리는 궁시로써 대항하매 이일, 신립 등의 **날랜 장수를 보내어 그의 진격을 막으려 하였으나** 소용이 없었다.	평가적 표현
	그러므로 육전에서는 싸우는 대로 패하고 드디어 **왕과 제신이 몽진하여 마침내 의주에 이르고 일본군은 뒤를 따라서 평양까지 달려들었다.**	**평가적 표현**
	일본군의 작전은 한편으로 수군을 서해로 돌려서 평양에서 합세하여 **와짝** 북으로 쳐들어가고자 함에 있었다.	평가적 표현

---

1 제1차 교육과정과 제7차 교육과정 교과서의 수사적 표현을 수록하였다. 1956년 교과서에서는 다양한 메타담론과 수사적 표현을 볼 수 있으나 2002년 교과서는 정제된 수사적 표현을 볼 수 있어 수사적 표현 변화를 살펴보기가 어렵다.

소단원	서술 내용	수사적 표현
민족의 항전	이때 전라도 좌수사 이순신은 미리부터 온갖 준비를 마치고 또 거북선 이하 독특한 여러 가지 무기를 만들어가지고 있다가 일본 수군이 남해로부터 서해로 향하려는 것을 모조리 격파하여 한척을 용허하지 아니하였다.	확신적 표현
	더욱 노량의 대첩과 한산대첩은 적으로 하여금 다시 서해로 나갈 뜻을 가지지 못하게 하였다	강조적 표현
	이 중에 이순신은 삼도수군통제사가 되어서 이 대국의 무너질 것을 한 손으로 꽉 버티고 있었다.	확신적 표현
	의주에 나가 있던 조정은 환도하였다.	-
	일본군의 작전이 순신에게 막혀 진행되지 않는데 한편으로는 우리 민간에서 곽재우, 고경명, 휴정 등이 조직한 의병의 활동이 **대단하고** 또 명나라는 우리 조정의 요청으로 이여송이 원병을 이끌고 왔으므로 전국은 **점점** 일본에 불리하게 되었다.	평가적 표현
	전쟁은 *이렁저렁 여러 해를 끌더니* 정유에 이르러는 일본이 이순신을 집어 치우고 단판 씨름을 하려하여 **갖은 반간을 써서** 한때는 순신이 현직에서 물러나게 하기에 성공하여 조선의 수군이 큰 손상을 입은 때도 있었다.	추측적 표현
	그러나 수신이 복직하면서 울두목 싸움 한 번에 일본 수군 전부를 섬멸해버려서 우리의 제해권이 전보다 단단해졌다.	확신적 표현
	조선이 혼자의 힘으로는 일본군 격파에 힘이 부족하고 명군은 큰 결전을 하는 일 없이 **어름어름**[2] **지구전으로** 나아가는 가운데 히데요시가 죽으면서 철병을 유명하여 남해 연안에 모여 있던 일본군들이 우리의 에움을 뚫고 **창황히**[3] 도망가려 하였다.	평가적 표현
	이때 노량 해상의 대전이 되었으나 순신이 전사함과 함께 *일본군은 명군에게 뇌물을 주고*	추측적 표현

---

2 말이나 행동을 똑똑히 하지 않고 우물거리는 모양.
3 어찌할 겨를 없이 매우 급함.

소단원	서술 내용	수사적 표현
	빠져나가는 등 이리하여 전후 7년 대전이 **싱겁****게** 끝났다.	
왜란의 영향	임진, 정유의 대란은 다만 관계 <u>양</u>국만이 아니라 온 동양의 대군에 큰 영향을 끼치었다.·	강조적 표현
	이것은 문물교류의 편으로만 볼지라도 조선에서는 이때 조총을 얻어서 이에 능란해지고 거북선의 발달은 물론이요 이장손의 비격진천뢰, 변이중의 화차 등 허다한 새무기를 발명하여 위력을 나타내었고 한편 담배, 고추, 호박, 도마도 등 원방의 물건이 들어와서 일반의 생활사에 큰 변동이 생겼다.	확신적 표현
	일본에서는 활자, 도자가, 일반 공예상의 여러 가지 기술과 다수의 서적을 얻어 가서 오래 침체하였던 문화가 **차차** 생기를 얻었다.	평가적 표현
	히데요시가 죽은 뒤에 일본 국내는 도꾸가와씨의 손으로 돌아가니 도꾸가와씨는 우리와 화화하기를 갈망하였으나 우리는 오래 듣지 않았다.	-
	그러나 선조 40년에 이르러 이를 허락하고 쓰시마가 중간에 있어 두 편 심부름을 하기로 하였다.	-
	도꾸가와 씨의 시절에 가끔 조선으로부터 통신**사를 보냈는데 이쪽 위풍의 장엄함과 저쪽 대****우의 갸륵함은 여간이 아니었다.**	평가적 표현

제7차 교육과정:《고등학교 국사》(국사편찬위원회, 2002년)		
소단원	서술 내용	수사적 표현
왜군의 침략	15세기에 비교적 안정되었던 일본과의 관계는 16세기에 이르러 대립이 격화되었다.	-
	일본인의 무역 요구가 더욱 늘어난 데 대하여 조선 정부의 통제가 강화되자, 중종 때의 3포 왜란이나 명종 때의 을묘왜변과 같은 소란이 자주 일어났다.	강조적 표현
	이에 조선은 비변사를 설치하여 군사 문제를 전담하게 하는 등 대책을 강구하였고, 일본에 사신을 보내어 정세를 살펴보기도 하였다	-
	그러나 16세기 말에 이르러 국방력은 더욱 약화되고 일본 정세에 대한 인식에서도 붕당 간의 차이를 보이는 등 국론이 일치되지 않아서 적극적인 대책이 강구되지 못하였다.	강조적 표현
	일본은 전국시대의 혼란을 수습한 뒤 **철저한** 준비 끝에 20만 대군으로 조선을 침략해왔다.(1592)	평가적 표현
	이를 임진왜란이라고 한다.	평가적 표현
	전쟁에 **미처 대비하지 못한** 조선은 전쟁 초기에 왜군을 **효과적으로** 막아낼 수 없게 되자 선조는 의주로 피난하여 명에 원군을 요청하였다.	평가적 표현
수군과 의병의 승리	왜군의 침략 작전은 육군이 북상함에 따라 수군이 남해와 황해를 돌아 물자를 조달하면서 육군과 합세하려는 것이었다.	-
	그러나 전라도 지역에서 이순신의 지휘 아래 전함과 무기를 정비하고 군사훈련을 강화하여 왜군의 침략에 대비하고 있던 수군은 옥포에서 첫 승리를 거둔 이후 남해안 여러 곳에서 연승을 거두어 남해의 제해권을 장악하였다.	강조적 표현
	이로써 곡창 지대인 전라도 지방을 지키고 왜군의 침략 작전을 **좌절시킬 수 있었다**	평가적 표현
	한편 육지에서는 전국 각지에서 자발적으로 조직된 의병이 왜군과 싸워 향촌사회를 지켜냈다.	-

소단원	서술 내용	수사적 표현
	농민이 주축을 이룬 의병은 전직 관리와 사림 양반 그리고 승려들이 조직하고 지도하였으며 향토지리에 밝은 이점을 활용하고 그에 알맞은 전술을 구사하여 적은 병력으로도 왜군에게 큰 타격을 주었다.	강조적 표현
	전란이 장기화되면서 산발적으로 일어난 의병 부대는 관군에 편입되어 조직화되었고 관군의 전투 능력도 한층 강화되었다	강조적 표현
전란의 극복과 영향	수군과 의병의 승전으로 조선은 전쟁 초기의 수세에서 벗어나 반격을 시작하였다.	-
	아울러 명의 원군이 전쟁에 참여하면서 전쟁은 새로운 국면으로 접어들었다.	-
	조·명 연합군은 평양성을 탈환하였으며 관군과 백성들이 합심하여 행주산성 등에서 적의 대규 모 공격을 물리쳤다.	-
	이에 왜군은 서울에서 후퇴하여 경상도 해안 일대에서 장기전에 대비하였다.	-
	한편 조선도 전열을 정비하여 왜군의 완전 축 출을 준비하였다.	-
	훈련도감을 설치하여 군대의 편제와 훈련 방법 을 바꾸었고 속오법을 실시하여 지방군 편제도 개편하였으며 화포를 개량하고 조총도 제작하 여 무기의 약점을 보완하였다.	-
	3년여에 걸친 명과 일본 사이의 휴전 회담이 결 렬되자 왜군이 다시 침입해왔다.(1597)	-
	이를 정유재란이라고 한다.	평가적 표현
	그러나 조명연합군이 왜군을 직산에서 격퇴하 고 이순신이 적선을 명량에서 대파하자 왜군은 남해안 일대로 다시 후퇴하였다.	-
	결국 전세가 불리해진 왜군은 도요토미 히데요 시가 죽자 본국으로 철수하였다	평가적 표현
	임진왜란은 국내외에 많은 변화를 가져왔다	평가적 표현
	국내적으로는 왜군에 의하여 수많은 인명이 살 상되었을 뿐만 아니라 기근과 질병으로 인하여 인구가 크게 줄어들었다.	강조적 표현

소단원	서술 내용	수사적 표현
	토지 대장과 호적이 대부분 없어져 국가 재정이 궁핍해졌고 식량이 부족해졌다. 이를 해결하기 위하여 공명첩이 대량으로 발급되어 신분제의 동요를 가져왔으며 이몽학의 난과 같은 민란이 도처에서 일어나기도 하였다.	-
	또한 일본군의 <u>약탈과 방화</u>로 불국사와 경복궁, 서적, 실록 등 기타 수많은 문화재가 손실되었고 <u>수만 명이</u> 일본에 포로로 잡혀갔다.	강조적 표현
	임진왜란은 대외적으로 일본의 문화가 <u>크게</u> 발전할 수 있는 계기를 만들어주었다	강조적 표현
	일본은 조선에서 활자 그림, 서적 등을 약탈해 갔고 성리학자와 우수한 활자 인쇄공 및 도자기 기술자 등을 포로로 잡아가 **일본의 성리학과 도자기 문화가 발달할 수 있는 토대를 마련하였다.**	평가적 표현
	한편, <u>조선과 명이 일본과 싸우는 동안 북방의 여진족이 급속히 성장하여 동아시아의 정세가 크게 변화하였다</u>	강조적 표현

[조사 1_질문지 1]

_____ 학년 _____ 반 번호 _____ 이름 _____

제목 _____

　조선초기에는 사원 위주의 고려 건축과는 달리 궁궐, 관아, 성문, 학교 등이 건축의 중심이 되었다. 이러한 건물은 건물주의 신분에 따라 크기와 장식에 일정한 제한을 두었는데, 그 목적은 국왕의 권위를 높이고 신분질서를 유지하는 데 있었다.

　건국 초기에 도성을 건설하고 경복궁을 지었으며 곧이어 창덕궁과 창경궁을 세웠다. 지금까지 남아 있는 창경궁 명정전과 도성의 숭례문, 창덕궁 돈화문이 당시의 모습을 간직하고 있다. 특히, 도성의 정문인 숭례문은 고려의 건축기법과는 다른 방식을 채택하여 발전된 조선전기의 건축을 대표하고 있다. 반면에, 개성의 남대문과 평양의 보통문은 고려시대 건축의 단정하고 우아한 모습을 지니면서 조선시대 건축으로 발전해나가는 형태를 보이고 있다.

　왕실의 비호를 받은 불교와 관련된 건축 중에서도 뛰어난 것이 적지 않다. 무위사 극락전은 검박하고 단정한 특징을 지니고 있으며, 팔만대장경을 보관하고 있는 해인사의 대장경판은 당시의 과학과 기술을 집약하고 있다. 세조 때에 대리석으로 만든 원각사지 10층 석탑은 이 시기 석탑의 대표작이다.

　16세기에 들어와 사림의 진출과 함께 서원의 건축이 활발해졌다. 서원은 산과 하천이 가까이 있어 자연의 이치를 탐구할 수 있는 마을 부근의 한적한 곳에 위치하였는데, 교육공간인 강당을 중심으로 사당과 기숙시설인 동재와 서재를 갖추었다. 서원 건축은 가람배치양식과 주택양식이 실용적으로 결합된 독특한 아름다움을 지녔다.

　주위의 자연과 빼어난 조화를 이룬 대표적인 서원으로는 경주의 옥산서원과 안동의 도산서원이 있다.

제목 _____

　조선 초 세종 때를 전후한 이 시기의 과학기술은 우리나라 역사상 특기할 정도로 뛰어났다. 당시의 집권층은 부국강병과 민생 안정을 위하여 과학기술이 중요하다고 인식하였다. 이러한 여건 속에서 과학기술은 국가적 지원을 받아 크게 발전하였다. 이와 아울러 우리나라의 전통적 문화를 계승하면서 서역과 중국의 과학기술을 수용하여 훌륭한 업적을 남겼다.

　특히, 천문학, 농업과 관련된 각종 기구를 발명, 제작하였다. 천체 관측 기구로 혼의와 간의를 제작하고 시간 측정 기구로 물시계인 자격루와 해시계인 앙부일구 등이 만들었다. 자격루는 노비 출신 과학기술자인 장영실이 제작한 것으로, 정밀 기계 장치와 자동 시보 장치를 갖춘 뛰어난 물시계였다. 세계 최초로 측우기를 만들어 전국 각지의 강우량을 측정하였고 토지 측량 기구인 인지의와 규형을 제작하여 토지 측량과 지도 제작에 활용하였다.

　조선은 건국 초기부터 천문도를 만들었다. 태조 때에는 고구려의 천문도를 바탕으로 천상열차분야지도를 돌에 새겼다. 세종 때에도 새로운 천문도를 만들었는데 이것은 현재 남아 있지 않다.

　천문학의 발달과 함께 새로운 역법이 마련되었다. 세종 때에 만든 칠정산은 중국의 수시력과 아라비아의 회회력을 참고로 하여 만든 역법서로 우리나라 역사상 최초로 서울을 기준으로 천체운동을 정확하게 계산한 것이다.

　이는 15세기 세계 과학의 첨단수준에 해당한 것으로 평가되고 있다. 의학에서도 우리 풍토에 알맞은 약재와 치료방법을 개발, 정리하여 한약집성방을 편찬하고 《의방유취》라는 의학백과 사전을 간행하였다. 이로써 15세기에는 조선 의약학의 자주적 체계가 마련되어 민족 의학이 더욱 발전할 수 있었다.

제목 _____

　우리나라는 일찍부터 한자를 써오면서 이두나 향찰을 사용하였다. 그러나 고유문자가 없어서 우리말을 자유롭게 표현할 수 없었기 때문에, 일상적으로 쓰는 말에 맞으면서도 누구나 배우기 쉽고 쓰기 좋은 우리의 문자가 필요하였다. 더욱이, 조선 한자음의 혼란을 줄이고 피지배층을 도덕적으로 교화시켜 양반 중심 사회를 원활하게 유지하기 위해서도 우리 문자의 창제가 요청되었다.

　이에, 세종은 훈민정음을 창제하여 반포하였다(1446년). 한글은 누구나 쉽게 배우고 쓸 수 있으며, 자기의 의사를 마음대로 표현할 수 있을 뿐만 아니라 글자를 만드는 원리가 매우 과학적인 뛰어난 문자이다.

　조선 정부는 한글을 보급시키기 위하여 왕실 조상의 덕을 찬양하는 《용비어천가》, 부처님의 덕을 기리는 《월인천강지곡》 등을 지어 한글로 간행하였다. 또 불경, 농서, 윤리서, 병서 등을 한글로 번역하거나 편찬하였다. 그리고 서리들이 한글을 배워 행정 실무에 이용할 수 있도록 그들의 채용에 훈민정음을 시험으로 치르게 하기도 하였다.

　민족문화를 보존하고 발전시키는 가장 좋은 도구 중의 하나는 자기 민족의 고유한 문자이다.

　우리 민족은 고유한 문자인 한글을 가지게 됨으로써 일반 백성도 문자생활을 누릴 수 있고 문화 민족으로서의 긍지와 자부심을 가지게 되었다. 그리하여 민족문화의 기반을 확고하게 다지고 더욱 발전할 수 있는 전기를 마련하였다.

[조사 1_질문지 2]

           _____ 학년 _____ 반 번호 _____ 이름 _____

제목 _____

   사원 중심이었던 고려시대와 달리, 조선시대 건축은 왕실과 양반 중심으로 이루어졌다. 다음은 조선시대 건축규정이다.

   "건축규정이 정해지지 않아 백성들의 집이 양반의 집과 비슷하고, 양반의 집은 궁궐과 같아 사치스럽고 화려해 상하 높낮이가 없다. 이제부터 대군은 60칸으로 하고 왕자와 공주는 50칸으로 하며 2품 이상은 40칸, 3품 이하는 30칸, 일반 백성은 10칸을 넘지 못하게 하라(《세종실록 51권, 13년》)."

   이 규정은 왕실의 권위를 높이고 지배층 위주의 신분질서를 유지하기 위한 것으로 보인다.

   한편, 조선 초기와 중기의 건축물에서도 왕실과 양반 중심의 건축 취향을 찾을 수 있다.

   조선초기에는 새로운 나라를 세우고 도읍을 옮겼기 때문에 궁궐을 많이 지었다. 특히, 경복궁 근정전은 조선왕조의 통치 행위가 이루어진 중심 건물이다. 이 건물의 돌난간 기둥 위에는 방위를 맞추어 사신과 십이지조각을 새겼고 천장에는 왕을 상징하는 칠조룡을 그렸다. 이것으로 보아, 당시 궁궐은 왕의 권위와 위엄을 살리기 위해 장식했다고 추측할 수 있다.

   16세기에 사림들은 사회적 위상을 높이기 위해 서원을 활발하게 세웠다. 그들은 주로 산과 하천을 끼고 있는 한적한 곳에 서원을 세웠는데, 안동의 도산서원이 대표적이다. 이곳에서 사람들은 선현에게 제사를 지내고 학문을 연구하였다.

제목 _____

　조선 초 세종 때를 전후로 과학과 기술학은 주목할 정도로 발전하였다. 당시 집권층이 유교적 지배 이념을 확립하기 위해 과학기술을 지원했기 때문이다. 유교사회에서 왕이 하늘의 이치를 알아내는 일은 매우 중요했다. 그래서 간의, 혼의, 해시계의 천문기상 관련 기구와 칠정산과 같은 역법이 발달하였다

　국가가 중국과 다른 조선의 문화를 발전시키기 위해 과학기술을 지원하기도 했다. 정초가 만든 《농사직설》의 서문을 보면 이를 알수 있다. "…나라마다 풍토가 같지 않으므로 곡식을 심고 가꾸는 법도 다르다. 그러므로 옛 농서들을 그대로 사용할 수 없다. 여러 도의 수령들이 농민들을 찾아가 농토에 효과가 좋은 방법들을 듣고 나라에 보고하니 이를 농사직설로 엮었다…"에서 보듯이, 조선은 조선의 풍토에 맞는 농사법을 취하였다.

　어떤 이는 조선의 과학기술은 농민을 위해 발전했다고 말하기도 한다. 그래서 《농사직설》이라는 농서와 인지의, 규형과 같은 토지 측량 기구, 측우기라는 강수량 측정 기구를 제작했다.

　이처럼 조선 초 과학기술은 새로운 나라를 통치하고 백성들의 생활을 이롭게 하기 위해 발전했다고 볼 수 있다.

제목 _____

　조선 세종은 "우리말의 음운체계가 중국과 달라 중국어를 기록하도록 마련된 한자로는 뜻이 통하지 않으므로 한자를 모르는 백성들이 말을 글로 표현하려고 하여도 끝내 자기 뜻을 나타내지 못하는 경우가 많다. 내가 이를 딱하게 여겨서 새로 스물여덟 글자를 만들었으니 사람마다 쉽게 익혀서 날마다 쓰기에 편안하게 되기를 바라는 바이다"라고 밝히며 한글을 창제하여 반포하였다.(1446년) 이렇게 창제된 한글은 조선에 어떤 영향을 주었을까?

　우리는 일찍부터 향찰, 이두를 사용했지만 일상생활에서 쓰는 말을 자연스럽게 표현할 수 없었다. 이에 세종은 누구나 글을 쉽게 배워 자기의 의사를 표현하도록 한글을 창제했다고 밝혔다. 과학적인 원리로 만들어진 이 문자는 배우기 쉬워 문자생활에서 소외되었던 백성들에게 퍼졌다. 예로 임진왜란 때 선조는 왜군의 강압에 못 이겨 투항한 백성들에게 "임금께서 말씀하시길 너희가 처음에 왜놈에게 붙잡혀서 다닌 것은 너희의 본마음이 아니라……너희는 조금이라도 전에 품었던 마음을 먹지 말고 빨리 나오라…"는 한글 교서를 내렸다. 이것으로 보아, 당시 백성들은 왕의 한글을 읽을 수 있었을 거라고 추측할 수 있다.

　한편 한글은 백성을 도덕적으로 교화시켜 양반 중심 사회를 유지하는 데도 중요한 역할을 했다. 세종은 충, 효의 윤리를 백성들에게 보급하고자 하였다. 그래서 유교적으로 모범이 될 만한 충신, 효자, 열녀의 이야기를 그림과 글로 엮어 《삼강행실도》를 편찬해 지방마다 보급하였다. 그러나 한자를 읽지 못하는 백성들에게 효과를 거두기 힘들었다. 이후 성종 때 한글로 번역이 되자, 백성들은 서서히 이 책을 읽기 시작했다고 한다.

　요컨대, 한글 창제로 백성들은 문자생활을 누릴 수 있었고, 지배층은 유교윤리를 백성들에게 보급하여 양반 중심 사회를 유지할 수 있었다.

[조사 2_질문지]

_____ 학년 _____ 반 번호 _____ 이름 _____

* I, II를 비교하며 물음에 답하세요.

I

　궁중이나 관청에서는 금이나 은으로 만든 그릇 대신에 백자나 분청사기를 널리 사용하였다.

　분청사기와 옹기그릇은 전국의 자기소와 도기소에서 만들어져 관수용이나 민수용으로 보급되었다.

　고려 말에 나타난 분청사기는 청자에 백토의 분을 칠한 것으로, 안정된 그릇 모양과 소박하고 천진스러운 무늬가 어우러져 정형화 되지 않으면서 구김살 없는 우리의 멋을 잘 나타내고 있다. 그러나 분청사기는 16세기부터 세련된 백자가 본격적으로 생산되면서 점 차 그 생산이 줄어들었다.

　조선의 백자는 청자보다 깨끗하고 담백하며 순백의 고상함을 풍 겨서 선비들의 취향과 어울렸기 때문에 널리 이용되었다.

　장롱, 문갑 같은 목공예 분야와 돗자리공예 분야에서도 재료의 자연미를 그대로 살린 기품 있는 작품들이 생산되었다. 이 밖에, 쇠뿔을 쪼개어 무늬를 새긴 화각공예, 그리고 자개공예도 유명하 다. 수와 매듭에서도 부녀자들의 섬세하고 부드러운 정취를 살린 뛰어난 작품들이 있다.

조선시대공예는 실용성과 예술성이 잘 반영되었다. 자기공예를 중심으로 이런 조선시대공예의 특징을 알아보자.

분청사기는 고려 말 조선 초를 대표하는 자기로, 국가와 관청에서 많이 사용하였다. 고려 말 왜구의 침입으로 해안가에 있던 가마가 문을 닫자 많은 도공들이 내륙으로 이동했다. 이들은 각 지방 세력의 지원을 받아 자기를 생산했는데, 이 때문에 지방마다 자기의 모양과 무늬가 다른 것 같다.

옆에 보이는 분청사기는 물고기 배가 위로 올라와 있고 문양이 거칠어 '구김살 없는 자유스러움'이 넘친다는 평가를 받는다.

한편, 백자는 이전에도 존재했으나 16세기 이후부터 본격적으로 발달했다. 순백의 아름다움과 재질의 튼튼함 때문에 중기 이후 양반들이 널리 애용하였다.

옆의 자기를 보고 어떤 이는 "항아리는 사람이 만들었으나 자연이 빚져 낸 것 같다"고 표현하였다.

1. 글 I, II에서 중심 문장을 찾아 밑줄을 그어보세요.

2. I의 저자가 학생들에게 가장 알리고 싶은 정보는 무엇일까요?
   구체적으로 작성하세요.

   II의 저자가 학생들에게 가장 알리고 싶은 정보는 무엇일까요?
   구체적으로 작성하세요.

3. 이해가 더 잘되는 글을 찾아 번호를 쓰세요. 그리고 이유도 작
   성하세요.

4. 글 I과 II는 서술형태가 다릅니다. 그 이유는 무엇일까요?

5. 글을 다 읽은 후 각 글에 대한 느낌이 어떻게 다른지 적어보세
   요.

   I:
   II:

[국사교과서의 예술품 서술 분석]*

중단원	소단원	내용	예술품	서술	쪽수	분류
1. 고대의 문화	고대인의 자취와 멋	고분과 고분벽화	장군총	고구려는 초기에 주로 돌무지무덤을 만들었으나 점차 굴식돌방무덤으로 바꾸어 갔다. 돌을 정밀하게 쌓아올린 돌무지무덤은 만주의 집안 일대에 1만 2000여 개가 무리를 이루고 있다. 다듬은 돌을 계단식으로 7층까지 쌓아올린 장군총이 대표적인 무덤이다.	251	B C
			무용총, 사신도의 벽화	무용총의 사냥 그림과 강서대묘의 사신도에서 고구려 사람들의 패기와 진취성을 엿볼 수 있다.	251	A
			무령왕릉	벽돌무덤은 중국남조의 영향을 받은 것으로 완전한 형태로 발견된 무령왕릉이 유명하다. 사비시기의 고분은 규모가 작지만 세련된 굴식 돌방무덤을 만들었다. 백제의 돌방무덤과 벽돌무덤에도 벽과 천장에 사신도와 같은 그림을 그려 넣기도 하였다. 이런 그림은 고구려의 영향을 받기는 하였으나 보다 부드럽고 온화한 기풍을 나타내고 있다.	252	A C
			정혜공주묘	정혜공주묘는 굴식돌방무덤으로 모줄임천장구조가 고구려 고분과 닮았다.	252	A B
			돌사자상	이곳에서(정혜공주묘) 나온 돌사자상은 매우 힘차고 생동감이 있다.	252	A
			정혜공주묘	정효공주묘에서는 묘지와 벽화가 발굴되었다. 이런 무덤에서 나온 유물들은 발해의 높은 문화수준을 생생하게 나타내 보이고 있다.	253	C
			안학궁	궁궐 건축 중 가장 규모가 큰 것은 장수왕이 세운 안학궁이다. 이 궁궐터는 사각형 한 면의 길이가 620m나 되는 것으로 고구려 남진정책의 기상이 보인다.	253	C

* 분류의 A는 미술비평, B는 미학, C는 미술사이다.

중단원	소단원	내용	예술품	서술	쪽수	분류
		건축과 탑	황룡사	<u>황룡사는 6세기에 진흥왕이 세운 것으로 당시의 팽창 의지가 반영된 것으로 보인다.</u> 황룡사에는 7세기에 건립된 거대한 9층 목탑이 중심을 잡고 있어 대단히 웅장했으리라 짐작된다.	253	A C
			미륵사	미륵사는 중앙에 거대한 목탑과 동서에 석탑을 둔 특이한 형태를 띠고 있는데 <u>7세기에 무왕이 추진한 백제의 중흥을 반영하고 있다.</u>	253	A C
			미륵사지 석탑	백제 미륵사지 석탑은 서탑만 일부가 남아 있는데 목탑의 모습을 많이 지니고 있다.	253	A
			정림사지 5층 석탑	정림사지 5층 석탑은 백제의 대표적인 석탑으로 안정되면서도 경쾌한 모습으로 유명하다.	253	A
			분황사탑	분황사탑은 석제를 벽돌모양으로 만들어 쌓은 탑으로 지금은 3층까지만 남아 있다.	253	B
			불국사	*불국사는 불국토의 이상을 조화와 균형 감각으로 표현한 사원이다. 정문 돌계단인 청운교와 백운교는 직선과 곡선을 조화시켰으며 세속과 이상세계를 구분 짓는 축대는 자연의 선에 인공적으로 맞추어 자연과 인공을 연결시키고 있다. 복잡하고 단순한 좌우 누각의 비대칭은 간소하고 날씬한 석가탑, 복잡하고 화려한 다보탑과 어울려 세련된 균형감을 살리고 있다.*	254	A B C
			석굴암	인공으로 축조된 석굴사원인 석굴암은 네모난 전실과 둥근 주실을 갖추고 있다. 그리고 이 두 공간을 좁은 통로로 연결하고 있는데 *주실의 천정은 둥근 돔으로 꾸몄다. 전실과 주실, 그리고 천정이 이루는 아름다운 비례와 균형의 조형미로 석굴암은 건축 분야에서 세계적인 걸작으로 손꼽힌다.*	254	A B

중단원	소단원	내용	예술품	서술	쪽수	분류
			안압지	안압지는 통일신라의 뛰어난 조경술을 잘 나타내고 있다. 안압지의 연못, 인공섬, 구릉과 건물들은 매우 자연스럽게 어울리도록 꾸며졌다. 특히, 연못 쪽으로 건물을 돌출시켜 연못을 잘 볼 수 있게 만들었고 다른 방향에서 건물을 바라볼 때도 변화 있는 경관을 이루게 하였다. 여기에서는 귀족들의 화려한 생활을 짐작할 수 있는 많은 유물들이 발굴되었다.	254	A B C
			감은사지 3층 석탑	통일신라초기 석탑으로 대표적인 것은 감은사 3층 석탑이다. 장중하고 웅대한 이 석탑은 삼국통일을 달성한 기상을 반영하고 있다.	255	A C
			석가탑, 다보탑	석가탑은 통일 이후 축조해 온 통일신라 석탑의 전형이라고 할 수 있다. 이 탑의 날씬한 상승감 및 넓이와 높이의 아름다운 비례는 부처가 항상 가까이 있음을 이상적으로 나타내 보이고 있다. 이런 탑의 맞은편에 전례가 없는 특이한 모습의 다보탑을 세울 수 있었다는 사실은 이 시대의 높은 예술성과 건축술을 단적으로 반영하고 있다.	255	A B C
			양양3층 석탑	신라말기에는 석탑에서 다양한 변화가 나타났는데 양양 전진사지 3층 석탑은 기단과 탑신에 부조로 불상들을 새긴 것으로 이름이 나 있다.	255	C
			고구려 연가 7년명 금동여래입상	고구려 연가 7년명 금동여래입상은 두꺼운 의상과 긴 얼굴 모습에서 북조양식을 따르고 있으나 강인한 인상과 은은한 미소에는 고구려의 독창성이 보인다.	256	A B C
			서산마애 삼존불	서산마애삼존불은 부드러운 자태와 온화한 미소로 자비와 포용의 태도를 나타내 보이고 있다.	256	A

중단원	소단원	내용	예술품	서술	쪽수	분류
		불상과 공예	배리 석불 입상	신라의 경주 배리 석불 입상도 푸근한 자태와 부드럽고 은은한 미소를 띠고 있는 것으로 신라조각의 정수를 보여주고 있다.	256	A
			미륵반가 사유상	탑 모양의 관을 쓰고 있는 금동미륵반가사유상은 날씬한 몸매와 그윽한 미소로 유명하다. 삼산관을 쓰고 있는 금동미륵반가사유상도 부드러운 몸매와 자애로운 미소로 널리 알려져 있다.	256	A
			석굴암	석굴암 주실의 중앙에 있는 본존불은 균형 잡힌 모습과 사실적인 조각으로 살아 움직이는 느낌을 갖게 한다. 본존불 주위의 보살상을 비롯한 부조들도 매우 사실적이다. 입구 쪽의 소박한 자연스러움이 안쪽으로 들어가면 점점 정제되어 불교의 이상세계를 구체적으로 실현하고자 하였다.	256	A C
			무열왕릉 비받침돌	통일신라시대의 무열왕릉비 받침돌은 거북이가 힘차게 전진하는 생동감 있는 모습으로 유명하다.	257	A
			석등	불국사 석등과 법주사 쌍사자 석등도 단아하면서도 균형 잡힌 걸작으로 꼽힌다.	257	A
			발해 석등	상경에 완전한 모습으로 남아 있는 석등은 발해 석조미술의 대표로 꼽힌다. *팔각의 단위에 중간이 약간 볼록한 간석 및 그 위에 올린 창문과 기왓골이 조각된 지붕은 발해 특유의 웅대한 느낌을 자아내고 있다.*	257	A B
			성덕대왕 신종	성덕대왕신종은 맑고 장중한 소리, 그리고 천상의 세계를 나타내 보이는 듯한 경쾌하고 아름다운 비천상으로 유명하다.	257	A
		글씨, 그림과 음악	광개토 대왕릉 비문	광개토대왕릉 비문은 웅건한 서체로 쓰였고 신라의 김생은 질박하면서도 굳센 신라의 독자적인 서체를 열었다.	257	A
			천마도	경주 황남동 천마총에서 나온 천마도가 신라의 힘찬 화풍을 보여주고 있다.	258	A
			화엄경 변상도	화엄경 변상도에서 볼 수 있는 섬세하고 유려한 신라 그림의 높은 수준을 짐작하게 한다.		

중단원	소단원	내용	예술품	서술	쪽수	분류
2. 중세의 문화	귀족문화의 발달	인쇄술의 발달	초조대장경	현종 때 거란의 침입을 받았던 고려는 부처의 힘을 빌려 이를 물리치려고 대장경을 간행하였다. 70여 년의 오랜 기간 동안 목판에 새겨 간행한 이 초조대장경은 개경에 보관하였다가 대구 팔공산 부인사로 옮겼는데 몽고 침입 때 불타 버리고 인쇄본 일부가 남아 고려 인쇄술의 정수를 보여주고 있다.	271	A C
			속장경	초조대장경이 만들어진 얼마 후에 의천은 고려는 물론 송과 요의 대장경에 대한 주석서를 모아 속장경을 편찬하였다. 이를 위해 목록인 신편제종교장총록을 만들고 교장도감을 설치하여 10여 년에 걸쳐 신라인의 저술을 포함한 4,700여 권의 전적을 간행하였다.	271	C
			팔만대장경	몽고침공으로 소실된 초조대장경을 대신하여 고종 때에 대장경을 다시 만들었다. 대장도감을 설치하여 16년 만에 이룩한 재조대장경은 현재까지 합천 해인사에 8만 매가 넘는 목판이 모두 보존되어 있어 팔만대장경이라고 부른다. 팔만대장경은 방대한 내용을 담았으면서도 잘못된 글자나 빠진 글자가 거의 없는 제작의 정밀성과 글씨의 아름다움 등으로 세계에서 가장 우수한 대장경으로 꼽힌다.	272	A C
			상정고금예문, 직지심체요절	고려시대에 세계에서 최초로 금속활자인쇄술이 발명된 것은 목판인쇄술의 발달, 청동주조기술의 발달, 인쇄에 적당한 잉크와 종이의 제조 등이 아우러진 결과였다. 12세기 말이나 13세기 초에는 이미 금속활자 인쇄술이 발명되었으리라고 추측되며 몽고와 전쟁 중이던 강화도 피난 시에는 금속활자로 《상정고금예문》을 인쇄하였다. 이는 서양에서 금속활자인쇄가 시작된 것보다 200여 년이나 앞서 이루어진 것이다. 그러나 이 책은 오늘날 전해지지 않고 있으며 그 대신 청주 홍덕사에서 간행한 《직지심체요절》이 현존하는 세계 최고의 금속활자본으로 공인받고 있다.	275	A C

중단원	소단원	내용	예술품	서술	쪽수	분류
		건축과 조각	개성 만월대의 궁궐터	궁궐 건축은 개성 만월대의 궁궐터를 통해서 웅대한 모습을 살필 수 있다. 도성 안의 궁궐은 경사진 면에 축대를 높이 쌓고 *경사진 면에 건물들을 계단식으로 배치하였기* 때문에 건물들이 층층으로 나타나 웅장하게 보였다.	280	A B
			현화사 홍왕사	사원 건물로 유명한 것은 현화사와 홍왕사였다. 특히 홍왕사는 12년에 걸쳐 막대한 인원과 경비를 들여 지은 장엄한 사원이었다고 한다.	280	A
			봉정사 극락전, 부석사 무량수전, 수덕사 대웅진	현존하는 목조건물들은 *균형 잡힌 외관과 잘 짜인 각 부분의 치밀한 배치*로 고려시대 건축의 단아하면서도 세련된 특성을 잘 드러내고 있다. 안동 봉정사 극락전은 가장 오래된 건물로 알려져 있고 영주부석사 무량수전과 예산 수덕사 대웅전은 주변 자연과 어우러진 외관과 잘 다듬은 *각 부재의 배치가 만들어내는* 경건한 내부 공간으로 유명하다.	281	A B
			성불사 응진전	고려 후기에는 다포식 건물도 등장하여 조선시대 건축에 큰 영향을 끼쳤다. 황해도 사리원의 성불사 응진전은 고려시대 다포식 건물로 유명하다.	281	C
			개성 불일사 5층 석탑, 월정사 8각 9층탑	고려시대 석탑은 신라양식을 일부 계승하면서 그 위에 독자적인 조형각을 가미하여 다양한 형태로 제작되었다. 다각다층탑이 많았고 안정감은 부족하나 자연스러운 모습을 띠었다. 석탑의 몸체를 받치는 받침이 보편화되었다. 개성 불일사 5층 석탑과 오대산 월정사 팔각 9층 석탑이 유명하며 …	281	A C
			경천사 10층 석탑	고려 후기 경천사 10층 석탑은 *원의 석탑*을 본뜬 것으로 조선시대로 이어졌다.	282	C
			고달사지 승탑,	승려들의 승탑은 고려시대에도 조형미술의 중요한 부분을 차지하였다. 고달사지 승	282	A

중단원	소단원	내용	예술품	서술	쪽수	분류
			지광국사 현묘탑	승탑과 같이 신라 후기 승탑의 전형적인 형태인 팔각 원당형을 계승한 것이 많았으나 특이한 형태를 띠면서 조형미가 뛰어난 법천사 지광국사 현묘탑 등도 만들어졌다.		C
			부석사 소조 아미타 여래좌상	신라 이래의 조형전통을 계승하는 양식이 주류를 이루었는데 균형을 이루지 못하여 조형미가 다소 부족한 것이 많았다. 전통양식으로는 부석사 소조 아미타여래좌상과 같은 걸작이 있다.	282	A C
			광주 춘궁리 철불	고려초기에는 광주 춘궁리 철불과 같은 대형철불이 많이 조성되어 시대적 특징을 이루었다.	282	C
			논산의 관촉사 석조 미륵보살 입상, 안동의 이천동 석불	논산의 관촉사 석조 미륵보살입상이나 안동의 이천동 석불처럼 사람들이 많이 지나가는 길목에 지역 특색이 잘 드러난 거대한 불상들이 건립되기도 하였다.	282	C
3. 근세의 문화	문학과 예술	왕실과 양반의 건축	경복궁, 창덕궁, 창경궁	건국 초기에 도성을 건설하고 경복궁을 지었으며 곧이어 창덕궁과 창경궁을 세웠다. 지금까지 남아 있는 창경궁의 명정전과 도성의 숭례문, 창덕궁의 돈화문이 당시의 위엄스러운 모습을 간직하고 있다. 특히, 도성의 정문인 숭례문은 고려의 건축기법과는 다른 방식을 채택하여 발전된 조선전기의 건축을 대표하고 있다.	304	A C
			무위사 극락전, 팔만대장경 장경판전, 원각사지 10층석탑	왕실의 비호를 받은 불교와 관련된 건축 중에서도 뛰어난 것이 적지 않다. 무위사 극락전은 검박하고 단정한 특징을 지니고 있으며 팔만대장경을 보관하고 있는 해인사의 장경판전은 당시의 과학과 기술을 집약한 것이다. 세조때 대리석으로 만든 원각사지 10층석탑은 이 시기 석탑의 대표작이다.	304	A C

중단원	소단원	내용	예술품	서술	쪽수	분류
			경주의 옥산서원, 안동의 도산서원	<u>16세기 들어와 사림의 진출과 함께 서원의 건축이 활발해졌다.</u> 서원은 산과 하천이 가까이 있어 자연의 이치를 탐구할 수 있는 마을 부근의 한적한 곳에 위치하였는데 교육공간인 *강당을 중심으로 사당과 기숙시설인 동재와 서재를 갖추었다.* 서원 건축은 가람배치양식과 주택양식이 실용적으로 결합된 독특한 아름다움을 지녔다. 주위의 자연과 빼어난 조화를 이루고 있는 대표적인 서원으로는 경주의 옥산서원과 안동의 도산서원이 있다.	304	A C
		그림과 글씨	몽유도원도	화원 출신인 안견은 역대 화가들의 기법을 체득하여 독자적인 경지를 개척하였다. 안견의 대표작인 〈몽유도원도〉는 *자연스러운 현실세계와 환상적인 이상세계를 능숙하게 처리하고 대각선적인 운동감을 활용하여 구현한 걸작이다.*	305	A B
			고사관수도	문인화가인 강희안은 시적 정서가 흐르는 낭만적인 그림을 많이 그렸다. 그의 대표작인 〈고사관수도〉는 선비가 수면을 바라보며 무념무상에 빠진 모습을 담고 있는데 *세부 묘사는 대담하게 생략하고 간결하고 과감한 필치로 인물의 내면세계를 느낄 수 있게 표현하였다.*	305	A B
			송하보월도	노비 출신으로 화원에 발탁된 이상좌는 색다른 분위기의 그림으로 명성을 떨쳤다. 그의 대표작인 〈송하보월도〉는 바위틈에 뿌리를 박고 모진 비바람을 이겨내고 있는 늙은 소나무를 통하여 강인한 정신과 굳센 기개를 표현하였다.	306	A
			인왕제색도,	<u>진경산수화를 개척한 화가는 18세기에 활약한 정선이다.</u> 그는 서울 근교와 강원도의 명승지들을 두루 답사하여 그것을 사실적으로 그려냈다. 정선은 대표작인 〈인왕	324	A B

중단원	소단원	내용	예술품	서술	쪽수	분류
4. 문화의 새 기운	문학과 예술의 새 경향	진경산수화와 풍속화	금강전도	제색도〉와 〈금강전도〉에서 *바위산은 선으로 묘사하고 흙산은 묵으로 묘사하는* 기법을 사용하여 산수화의 새로운 경지를 이룩하였다.		C
			밭갈이, 추수, 씨름, 서당	정선의 뒤를 이어 산수화와 풍속화에 새 경지를 열어 화가는 김홍도였다. 그는 산수화, 기록화, 신선도 등을 많이 그렸지만 정감어린 풍속화를 그린 것으로 유명하다. 그는 밭갈이, 추수, 씨름, 서당 등에서 자신의 일에 몰두하는 사람들의 특징을 소탈하고 *익살스러운 필치로 묘사하였다.* 이런 그림에서 18세기 후반의 생활상과 활기찬 사회의 모습을 살필 수 있다.	325	A B C
		건축의 변화	금산사 미륵전, 화엄사 각황전, 법주사 팔상전	17세기의 건축으로는 금산사 미륵전, 화엄사 각황전, 법주사 팔상전 등을 대표로 꼽을 수 있다. 이것들은 모두 *규모가 큰 다층 건물로 내부는 하나로 통하는* 구조를 가지고 있는데 불교의 사회적 지위 향상과 양반 지주층의 경제적 성장을 반영하고 있다.	326	B C
			논산 쌍계사, 부안 개암사, 안성 석남사	18세기에는 사회적으로 크게 부상한 부농과 상인의 지원을 받아 그들의 근거지에 장식성이 강한 사원이 많이 세워졌다. 논산 쌍계사, 부안 개암사, 안성 석남사 같은 사원이 대표적이다.	326	C
			수원 화성	그리고 이 시기에 특기할 만한 건축물은 수원 화성이다. 정조 때의 문화적인 역량을 집약시켜 새롭게 만든 화성은 이전의 성곽과는 달리 방어뿐만 아니라 공격을 겸한 성곽 시설로 주위의 경치와 조화를 이루며 평상시의 생활과 경제적 터전까지 조화시킨 종합적인 도시 계획 아래 건설되었다.	326	C
			경복궁의 근정전, 경회루	19세기 건축으로는 홍선대원군이 국왕의 권위를 높일 목적으로 재건한 경복궁의 근정전과 경회루가 화려하고 장중한 건물로 유명하다.	326	A C

참고문헌

교과서 및 교육과정 관련 도서

교육부, 《고등학교 국사》(상), 1996.

교육인적자원부, 《고등학교 국사》(상), 2002.

_____, 《교사용지도서 고등학교 국사》, 2002.

문교부, 《고등학교 국사》(상), 1982.

_____, 《고등학교 국사》(상), 1990.

이병도, 《인문계고등학교 국사》, 일조각, 1967.

이홍직, 《인문계고등학교 국사》, 동아출판사, 1973.

진단학회, 《국사교본》, 군정청 문교부, 1946.

최남선, 《국사》, 민중서관, 1956.

단행본

강경숙, 《분청사기》, 대원사, 1999.

강우방, 《한국도지사》, 일지사, 2001.

_____, 《인문학의 꽃 미술사학, 그 추체험의 방법론》, 열화당, 2003.

게오르그 G. 이거스, 임상우 · 김기봉 옮김, 《20세기 사학사》, 푸른역사, 1999.

국립고궁박물관, 《백자 달항아리》, 눌와, 2008.

권영필, 《한국의 미를 다시 읽는다》, 돌베개, 2005.

김슬옹, 《28자로 이룬 문자혁명, 훈민정음》, 아이세움, 2007.

김영채, 《생각하는 독서》, 박영사, 2005.

김재열, 《백자 · 분청사기》1 · 2, 예경, 2000.

김한종, 《역사교육과정과 교과서 연구》, 선인, 2006.

김한종 외, 《역사교육과 역사인식》, 책과함께, 2005.

로베르 드 보그란데 · 볼프강 드레슬러, 김태옥 옮김, 《텍스트 언어학 입문》, 한신문화사, 1995.

모티머 J. 애들러 · 찰스 밴 도렌, 독고 앤 옮김, 《생각을 넓혀주는 독서법》, 멘토, 2000.

문명대 외, 《한국의 미, 최고의 예술품을 찾아서》1 · 2, 돌베개, 2007.

박상표,《조선의 과학 기술》, 현암사, 2008.

박차지현,《청소년을 위한 한국미술사》, 두리미디어, 2005.

샘 와인버그, 한철호 옮김,《역사적 사고와 역사교육》, 책과함께, 2006.

스티븐 K. 리드, 박권생 옮김,《인지심리학-이론과 적용》, 시그마프레스, 2006.

신응수,《경복궁 근정전》, 현암사, 2005.

안병직 외,《오늘의 역사학》, 한겨레신문사, 2002.

안병희,《훈민정음연구》, 서울대학교출판부, 2007.

양택규,《경복궁에 대해 알아야 할 모든 것》, 책과함께, 2007.

양호환 외,《역사교육의 이론과 방법》, 삼지원, 1997.

역사신문편찬위원회,《역사신문》3, 사계절출판사, 1996.

오주석,《오주석의 한국의 미 특강》, 솔, 2003.

윤용이,《우리 옛 도자기》, 대원사, 1994.

윤천근,《퇴계 선생과 도산서원》, 지식산업사, 1999.

이강근,《경복궁》, 대원사, 1998.

이경화,《읽기교육의 원리와 방법》, 박이정, 2004.

이대규,《수사학-독서와 작문의 이론》, 신구문화사, 1995.

이원순 · 윤세철 · 허승일,《역사교육론》, 삼영사, 1994.

이투스그룹,《누드교과서 국사》, 이투스그룹, 2006.

이혁규,《수업, 비평의 눈으로 읽다》, 우리교육, 2008

일본교과서바로잡기운동본부,《한국사교과서의 희망을 찾아서》, 역사비평사, 2003.

전국역사교사모임,《미술로 보는 우리역사》, 푸른나무, 1992.

_____ ,《우리 아이들에게 역사를 어떻게 가르칠 것인가》, 휴머니스트, 2001.

조명한 외,《언어심리학》, 학지사, 2004.

존 넬슨 외, 박우수 · 양태종 외 옮김,《인문과학의 수사학》, 고려대학교출판부, 2003.

차하순,《새로 고쳐 쓴 역사의 본질과 인식》, 학연사, 2007.

최상훈 외,《역사교육의 내용과 방법》, 책과함께, 2007.

최준식,《한국미, 그 자유분방함의 미학》, 효형출판, 2004.

클라우스 브링커, 이성만 옮김,《텍스트언어학의 이해》, 역락, 2004.

키스 젠킨스, 최용찬 옮김,《누구를 위한 역사인가》, 혜안, 2002.

폴 벤느, 이상길 · 김현경 옮김,《역사를 어떻게 쓰는가》, 새물결, 2004.

하인리히 F. 플렛, 양태종 옮김,《수사학과 텍스트 분석》, 동인, 2002.

한국미술사학회 편,《문화사와 미술사》, 일지사, 1996.

한국생활사박물관 편찬위원회,《한국생활사 박물관》9, 사계절, 2003.

한국학중앙연구원 편,《조선 시대 책의 문화사》, 휴머니스트, 2008.

한철우 외,《과정중심 독서지도》, 교학사, 2001.

Berkhofer, JR. Robert F., *Beyond the Great Story: History as Text and Discourse*, Harvard, 1995.

Crismore, Avon, *Talking with Readers: Metadiscourse as Rhetorical Act*, New York: Peter Lang, 1989.

Dishner, Ernest K., *Reading in the Content Areas*, New York: Kendall, 1986.

Edmondson, Ricaa, *Rhetoric in Sociology*, New York: Macmillan, 1984.

Hyland, Ken, *Metadiscourse*, London: Continuum, 2005.

Jenkins, Keith, *On What is History?*, London: Routledge 1995.

Leinhardt, Gara B. and Beck, Isabel L. and Stainton, Catherine, *Teaching and Learning in History*, New Jersey: Hillsdale, 1994.

Shaver, James P.(ed), *Handbook of Research on Social Studies Teaching and Learning*, N.Y.: Macmillan, 1991.

Singer, Harry and Donlan, Dan, *Reading and Learning from Text*, New Jersey: Hillsdale, 1989.

Soltis, Jonas F., *Perspectives on Learning*, New York: Columbia University, 1991.

논문

강만길, 〈한글 창제의 역사적 의미〉,《창작과 비평》44, 창작과비평사, 1977.

강선주, 〈미국 세계사 교과서에 나타난 한국〉,《역사교육연구》창간호, 2005.

김명순, 〈텍스트구조와 사전지식이 내용이해와 중요도 평정에 미치는 영향〉, 한국교원대학교대학원 석사학위논문, 1998.

김미정·이성은, 〈텍스트구조 학습이 아동의 읽기능력과 쓰기능력에 미치는 영향—설명문을 중심으로〉, 《교육과학연구》 34(2), 2003.

김봉순, 〈텍스트 의미구조 표지의 기능에 대한 실험연구〉, 《독서연구》 창간호, 1996.

김지혜, 〈설명문 텍스트구조양상분석〉, 한국교원대학교대학원 석사학위논문, 2005.

김한종, 〈국사교과서 연구 성과와 과제〉, 《경상사학》 7·8 합집, 1992.

_____, 〈국사교과서 연구의 최근동향—1990년대 이후를 중심으로〉, 《사회과학교육연구》 5, 한국교원대학교 사회과학교육연구소.

_____, 〈역사의 표현형식과 국사교과서 서술〉, 《역사교육》 76, 2000.

김한종·이해영, 〈7차 고등학교 국사교과서 삽화 분석〉, 《교원교육》 19(3), 한국교원대학교, 2004.

김육훈, 〈문화사 시간에 미술사 수업하기〉, 전국역사교사모임[http://okht.njoyschool.net.]

문여경, 〈도해조직자에 의한 역사텍스트 학습방안〉, 한국교원대학교대학원 석사학위논문, 2003.

박수자, 〈읽기교재에 수록될 텍스트의 정체성에 관한 연구〉, 《국어교육학연구》 2, 1992.

박진용, 〈읽기교수—학습을 위한 텍스트 구조의 의미관계 고찰〉, 《독서교육》 9, 2003.

_____, 〈텍스트의미구조의 과정중심분석 방법연구〉, 한국교원대학교대학원 석사학위논문, 1997.

서지현, 〈설명적 텍스트 문체 연구〉, 서울대학교대학원 석사학위논문, 1999.

송상헌, 〈역사교육의 내용을 둘러싼 역사교육 담론의 검토〉, 《역사교육연구》 창간호, 2005.

심재만, 〈텍스트 언어학의 전개와 텍스트의 개념〉, 《한국독어교육학회》 41, 1992.

안정애, 〈내러티브 교재와 역사학습〉, 《역사교육》 103, 2007.

_____, 〈내러티브 역사교재의 개발과 적용〉, 전남대학교대학원 박사학위논

문, 2007.

양정현, 〈중등학교 국사교과서에서 미술 부분의 서술과 교육문제〉, 제37회
　　　　전국역사학대회, 1994.

양호환, 〈역사교과서의 서술양식과 학생의 역사이해〉,《역사교육》59, 1996.

_____, 〈역사 서술의 주체와 관점〉,《역사교육》68, 1998.

윤용이·유홍준·이태호, 〈국사교과서 미술 부분, 전면 고쳐 써야 한다〉,《역사
　　　　비평》, 1989년 봄호.

이경화, 〈담화구조와 배경지식이 설명적 담화의 독해에 미치는 효과에 관한
　　　　연구〉, 한국교원대학교대학원 박사학위논문, 1999.

이미미, 〈역사가의 사고과정이 드러나는 서술의 특징과 교재 개발 방향〉, 서
　　　　울대학교대학원 석사학위논문, 2000.

이병련, 〈역사교과서의 의미와 서술기준, 그리고 분석의 기준에 관하여〉,《사
　　　　총》52, 2000.

이삼형, 〈설명적 텍스트의 내용 구조 분석 방법과 교육적 적용 연구〉, 서울대
　　　　학교대학원 박사학위논문, 1994.

이성영, 〈작문 교육을 위한 텍스트분석 방법〉,《텍스트학》48, 2002.

이영효·안정애, 〈내러티브 양식의 역사 서술 체제 개발〉, 한국교원대학교 부
　　　　설 교과교육공동연구소, 2002.

이은희, 〈접속관계의 언어학적 연구〉, 서울대학교대학원 박사학위논문,
　　　　1993.

이재기, 〈문식성 교육 담론과 주체 형성에 관한 연구〉, 한국교원대학교대학
　　　　원 박사학위논문, 2005.

이해영, 〈DBAE구성영역을 바탕으로 한 국사교과서 미술사 내용 서술 분석〉,
　　　　《역사교육》98, 2006.

_____, 〈메타담론으로 본 국사교과서 수사적 표현 변화〉,《역사교육연구》
　　　　창간호, 2005.

_____, 〈수사적 표현을 활용한 국사교과서 서술 방안〉,《역사교육연구》6,
　　　　2007.

_____, 〈텍스트구조로 본 국사교과서 서술의 응집성〉,《역사교육》96,
　　　　2005.

이향숙, 〈중학교 국사교과서 삼국시대 미술 분야 내용의 변천〉,《역사교육연

구》2, 2006.

역사교육연구소, 〈2010년 초,중,고등학생들의 역사교육 이해 조사 결과〉, 《역
사와교육》4, 2011.

정유민, 〈응집성에 기초한 역사교과서 서술개선방향〉, 서울대학교대학원 석
사학위논문, 2002.

정춘면, 〈국사교과서의 정서표현과 학생의 정서경험〉, 한국교원대학교대학
원 석사학위논문, 2001.

조선희, 〈교재구조, 인지요구, 과제처리형식이 구조인식과 명제인출에 미치
는 효과〉, 경북대학교대학원 박사학위논문, 1992.

조지형, 〈도미니크 라카프라의 텍스트 읽기와 포스트 모더니즘적 역사 서술〉,
《미국사연구》6(1), 1997.

조한욱·김기봉·김현식, 〈역사학의 모더니즘과 포스트모더니즘〉, 《인문논총》
5, 2000.

천경록, 〈읽기 교재의 수정 방안에 관한 연구〉, 한국교원대학교대학원 박사
학위논문, 1997.

최상훈, 〈고등학생의 사료 이해 양상〉, 《역사교육연구》3, 2007.

Kim, Jin-Wan, "Rhetorical Functions of Metadiscourse In EFL writing,"
English Teaching 54(4), 1999.

Anderson, Thomas H., "How Clearly Written Are Children's Textbook? Or
of bladderworts and alfa," *Reading Education Report* 16, ERIC ED
192275, 1980.

Beck, Isabel L. and McKeown, M. G., "Making Sense of Accounts of
History: Why Young Students Don't and How They Might,"
in Leinhardt, Gara B. and Beck, Isabel L. and Stainton,
Catherine(eds.), *Teaching and Learning in History*, New Jersey:
Hillsdale, 1994.

_____, "Substantive and Methodological
Consideration for Productive Textbook Analysis," in James P.
Shaver (ed.), *Handbook of Research on Social Studies Teaching
and Learning: A Project of the National Council for Social Studies*,

New York: Macmillan, 1991.

Beck, Isabel L., McKeown, M. G. and Loxterman, J. A., "Revising Social Studies Text from a Text—Processing Perspective: Evidence of Improved Comprehensibility," *Reading Research Quarterly* 26, 1991.

Beck, Isabel L., McKeown, M. G. and Jo Worthy, "Giving a Text Voice Improve Students' Understanding," *Reading Research Quarterly* 30(2), 1995.

Beck, Isabel L., McKeown, M. G., Onanson, R. and Pople, M., "Improving the Comprehensibility of Stories: The Effects of Revisions That Improve Coherence," *Reading Research Quarterly* 19(3), 1984.

Crismore, Avon, "The Rhetoric of Textbook: Metadiscourse," *Journal of Curriculum Studies* 16(3), 1984.

Field, S. L., Burlbaw, L. M. and Davis Jr., O. L., "Using Narrative to Assess Children's Historical Understanding of the Gulf War," *The Social Studies* 85(6), 1994.

Hynd, Cynthia R. and Chase, Nancy D., "The Relation between Text Type, Tone, and Written Response," *Journal of Reading Behavior* 23(3), 1991.

Kantor, R. N., Anderson, T. H. and Armbruster, B. B., "How Inconsiderate Are Children's Textbooks?," *Journal of Curriculum Studies* 15(1), 1983.

Kintsch, W., "Text Comprehension, Memory, and Learning," *American Psychologist* 49(4), 1994.

Kintsch, W. and Van Dijk, T. A., "Toward a Model of Text Comprehension and Production," *Psychological Review* 85(5), 1978.

Mayer, R. E., "Aids to Text Comprehension," *Educational Psychologist* 19(1), 1984.

McNamara, Daniells S., Kintsch, Eileen Songer, Nancy Butler and Kintsch, Walter, "Are Good Text Always Better? Interactions of Text Coherence, Background Knowledge, and Levels of Understanding in Learning from Text," *Cognition and Instruction* 14(1), 1996.

Meyer, B. J. F., Harring, M. J. D., Brandt M. and Walker, C. H., "Comprehension of Stories and Expository Text," *Poetics* 9, 1980.

Meyer, B. J. F., Brandt D. M. and Bluth, G. J., "Use of top−level Structure in Text: Key for Reading Comprehension of Ninth−grade Students," *Reading Research Quarterly* 16(1), 1980.

Musthafa, Bachrudin, "Learning from Texts and Reading Instruction," ERIC ED 395269, 1996.

Paxton, Richard J., "Someone with like a Life Wrote It: The Effects of a Visible Author on High School History Students," *Journal of Educational Psychology* 89(2), 1997.

Pichert, J. W. and Anderson, R. C., "Taking Different Perspectives on a Story," *Journal of Educational Psychology* 69(4), 1977.

Recht, D. R and Leslie, L., "Effects of Prior Knowledge on Good and Poor Readers' Memory of Text," *Journal of Educational Psychology* 80(1), 1988.

Steffensen, Margaret S. and Cheng, Xiaoguang, "Metadiscourse and Text Pragmatics: How Students Write After Learning about Metadiscourse," ERIC ED 400709, 1996.

Van Dijk, T. A., "Story Comprehension: an Instruction," *Poetics* 9, 1980.

Wineburg, Samuel. S., "Historical Problem Solving: A Study of the Cognitive Processes in the Evaluation of Documentary and Pictorical Evidence," *Journal of Educational Psychology* 83(1), 1991.

_____, "On the Reading of Historical Text: Notes on the Breach between School and Academy," *American Educational Research Journal* 28(3)Fall, 1991.

찾아보기

학술총서 03
역사교과서 서술의 원리

1판 1쇄 2014년 1월 15일

지은이 | 이해영

편집 | 천현주, 박진경
마케팅 | 김연일, 이혜지, 노효선
디자인 | 석운디자인

펴낸곳 | (주)도서출판 **책과함께**
　　　주소 (121-896) 서울시 마포구 서교동 444-17 덕화빌딩 5층
　　　전화 (02) 335-1982~3
　　　팩스 (02) 335-1316
　　　전자우편 prpub@hanmail.net
　　　블로그 blog.naver.com/prpub
　　　등록 2003년 4월 3일 제25100-2003-392호

ISBN 978-89-97735-32-7　94900

이 도서의 국립중앙도서관 출판시도서목록(CIP)은 서지정보유통지원시스템 홈페이지
(http://seoji.nl.go.kr)와 국가자료공동목록시스템(http://www.nl.go.kr/kolisnet)에서
이용하실 수 있습니다.(CIP제어번호: CIP 2013028234)